厉利英 ／著

发展阶段

国乡村振兴探究

XIN FAZHAN JIEDUAN

ZHONGGUO

XIANGCUN ZHENXING TANJIU

知识产权出版社
全国百佳图书出版单位
——北京——

图书在版编目（CIP）数据

新发展阶段中国乡村振兴探究/成秋英著. —北京：知识产权出版社，2022.11
ISBN 978 - 7 - 5130 - 8480 - 2

Ⅰ.①新…　Ⅱ.①成…　Ⅲ.①农村—社会主义建设—研究—中国　Ⅳ.①F320.3

中国版本图书馆 CIP 数据核字（2022）第 221807 号

责任编辑：兰　涛　　　　　　　　责任校对：谷　洋
封面设计：春天书装·郑重　　　　责任印制：孙婷婷

新发展阶段中国乡村振兴探究

成秋英　著

出版发行：知识产权出版社 有限责任公司		网　　址：http：//www.ipph.cn		
社　　址：北京市海淀区气象路 50 号院		邮　　编：100081		
责编电话：010 - 82000860 转 8325		责编邮箱：lantao@ cnipr.com		
发行电话：010 - 82000860 转 8101/8102		发行传真：010 - 82000893/82005070/82000270		
印　　刷：北京建宏印刷有限公司		经　　销：新华书店、各大网上书店及相关专业书店		
开　　本：720mm×1000mm　1/16		印　　张：10.5		
版　　次：2022 年 11 月第 1 版		印　　次：2022 年 11 月第 1 次印刷		
字　　数：140 千字		定　　价：78.00 元		

ISBN 978 - 7 - 5130 - 8480 - 2

目 录

第一章 绪 论

第一节 基本概念释析

任何一门学科都有其自身特定的学科语言与学科体系，任何一项课题研究同样具有其独特的概念与具体意蕴。探析在中国共产党领导下的百年之乡村变革与新发展阶段中国乡村振兴这一重大的课题，需要对与乡村振兴相关的概念及其之间的逻辑关系进行科学的界定与系统的阐释。

一、乡村振兴与党的领导

中华文明经历了五千多年的持续发展，中国乡村在时间长河中也随之变革。"乡村"一词，目前学术界主要有两种共识：一种观点认为"乡村"与"农村"画等号，是相对于城市而言，从事农业、畜牧业、养殖业等的农民所在的聚居地；另一种观点则从行政区划的视角，认为"乡村"是"乡镇"与"村庄"的集合体。本书的主题是将乡村作为一个涵括乡级与村级的整体，释析在中国共产党领导之下的乡村变革，主要涉及党的路线、方针、政策给乡村（包括农业、农村、农民）带来的各方面变化。中国共产党高度重视农村问题，百年来领导乡村建设、改革与创新，取得了令人瞩目的成就。新发展阶段，中国共产党将继续领导乡村全面振兴，实现农业农村现代化。因此，党的领导是推动乡村变革的根本力量。

二、乡村治理

"治理"一词是本土词，中国的"治理"自古有之，《汉书·赵广汉传》中的"壹切治理，威名流闻"，蕴含着统治与管理的意思。西方的"治理"是"governance"，原意为倾向操控、控制、引导等。组织理论之父马克斯·韦伯从层级官僚制理论的角度，认为治理的核心内容是"指挥—服从"，将治理看作为自上而下的单向度行政组织方式。20世纪90年代，治理权力运行的维度发生了根本的转变，治理的主体由政府一元化转向政府、社会、民众、组织等多元化。先后经历了"政权下乡""政社合一""自治、法治、德治"三治融合等发展模式。本书涉及的乡村治理主要是聚焦于新时代乡村振兴战略背景之下的乡村治理，以基层党组织、基层政府、农民、社会组织等多元主体，坚持深化自治为根、强化法治为本、实化德治为要的治理体系，促进了乡村社会和谐发展，推进了乡村治理现代化。

三、新发展阶段

马克思主义坚持长远目标与现实目标的有机结合、历史必然性与发展阶段性的有机统一。2020年10月，党的十九届五中全会强调"我国进入了一个新发展阶段"。新发展阶段的乡村振兴具有全局意义，是乡村的全面振兴；同时具有长远属性，是当下和未来很长一段时间的乡村战略规划。

四、脱贫攻坚、乡村振兴战略与"三农"问题

带领中国人民摆脱贫困、实现中华民族伟大复兴是中国共产党对人民的庄严承诺与价值追求。"精准脱贫攻坚战"是新时代决胜全面建成小康社会提出的三大任务之一。党中央就脱贫攻坚作出了一系列决策部署，如，2015年11月，中共中央政治局审议通过的《关于打赢脱贫攻坚战的决定》《中共中央国务院关于打赢脱贫攻坚战的决定》发布。

乡村振兴战略是脱贫攻坚胜利后我国"三农"工作重心的历史性转移，是党中央高度关注和重视农业、农村、农民问题继承性、创新性的重大战略部署。为确保乡村振兴工作有法可依，2021年4月，第十三届全国人大常委会通过的《中华人民共和国乡村振兴促进法》，进一步完善了"三农"的法律体系和新时代做好农业、农村、农民工作的规划蓝图。

"三农"指的是农业、农村、农民，"三农"问题涵括从业领域、居住地域、主体身份三个层次的内容。"三农"作为一个学术概念最早是在1996年由经济学家温铁军提出的。1982—1986年，中共中央连续五年发布以"农业、农村、农民"为主题的中央一号文件，即"五个一号文件"，具体部署当时的农业发展、农村改革与农民收入的问题。2004—2021年，中共中央连续十八年发布以"三农"为主题的中央一号文件，对于农业、农村、农民问题作出指导与工作部署。

要深入了解新发展阶段中国的乡村振兴，就需理顺乡村振兴、脱贫攻坚与"三农"问题之间的逻辑关系。"三农"问题是根本性问题，"乡村

振兴"与"脱贫攻坚"都是新时代以习近平同志为核心的党中央为解决好"三农"问题所提出的重大战略部署，是为推动"三农"工作所作出的理论创新、实践创新与制度创新。乡村振兴战略是对党领导的脱贫攻坚工作的巩固和深化，是新形势下中国共产党做好"三农"工作的总抓手。脱贫攻坚主要针对贫困地区，持续周期短，消除的是绝对贫困问题。脱贫攻坚战的胜利，意味着在之前贫困地区脱贫摘帽之后，要接续推进乡村振兴，进而推进乡村全面振兴。可以说，乡村振兴战略、脱贫攻坚战及其制胜法宝——中国特色反贫困理论，都是基于中国本土实践的理论结晶。

第二节 研究方法与理论基础

一、研究方法

本书的主要内容涉及在中国共产党领导中国乡村变革的百年历程与新发展阶段的乡村振兴。因此，采用了史学、社会学、政治学等多种学科相结合的研究方法，以增加本书的历史厚重感、实践性与真实感、理论性与立体感。

采取史学的研究视角，目的就是最大程度地呈现历史原貌，基于当时的大环境更好地理解中国乡村的变革，见证中国共产党领导下乡村的百年巨变。首先，通过实地调研考察、口述访谈等，广泛收集来自于实践的一手资料。其次，通过档案馆、图书馆、中国知网、相关著作等，对于二手资料进行认真学习、研究与考证，去伪存真，加以借鉴。再次，通过网络媒介，查询、梳理相关电子资料。虽然互联网信息纷纭杂沓，但只要加以鉴别，也可以成为梳理相关史料的有利工具。最后，中国乡村变革的进程与中国共产党的历史、新中国史、改革开放史、中国经济社会发展史密切相关。因此，本书在写作过程中也会借鉴上述视角，探析乡村变革的相关背景、过程与路径。

采取社会学的研究视角，从城—乡二元结构层面入手，分析城市和乡村共同构成中国的社会结构中的乡村变革问题。研究乡村问题最重要的就是"走进乡间，走到田野地头"，做到"接地气"，运用田野调查所获取的一手资料；通过典型案例研究透过现象抓住本质，归纳上升为理论；通过人物访谈拓宽信息的深度与广度，以确保本书研究内容的全面性。

采取政治学的研究视角，增加本书的理论性与立体感。政治学的研究方法包括经验的方法与思辨的方法。经验的方法注重从实际资料中提取经验，加以分析归纳；思辨的方法注重从基本价值中分析演绎。乡村变革、新发展阶段的乡村振兴问题，一方面通过对各个时期的乡村变革进行分析和归纳，提炼出可借鉴的经验，旨在推进新发展阶段的乡村全面振兴；另一方面，通过阐述、释析乡村振兴的时代背景、内涵特点、基本原则、指导思想、实施方案、实践路径等基本内容，以便更好理解与展望新发展阶段的乡村振兴。

二、理论基础

（一）马克思主义共享思想

马克思提出，"人的本质不是单个人所固有的抽象物，在其现实性上，它是一切社会关系的总和。"[1] 所谓"共享"，就是全体社会成员有权享受社会创造出的各种福利，包括经济、政治、文化、社会等各方面。马克思

---

[1] 马克思恩格斯文集：第 1 卷 [M]. 北京：人民出版社，2009：501.

主义共享理论，共享的主体是全体社会成员，共享的实质是促进社会公平正义，终极指向是实现人类解放和人的自由而全面的发展。马克思、恩格斯批判"平等的权利按照原则仍然是资产阶级权利"，揭露出资本主义与资产阶级的欺骗性与不平等性。人类历史进步的必然是实现全人类的自由解放，这是一种合目的性的由必然王国向自由王国的飞跃，共享则是实现人类解放和人的自由而全面的发展的必备条件。

中国共产党自成立之日起就秉持马克思主义基本原则，将马克思主义共享观融入中国站起来—富起来—强起来的全过程，立足中国的实践与时代的要求，开辟了中国特色社会主义共享新路径。中国共产党的初心与使命及其执政理念无不体现了中国共产党的人民性。乡村振兴战略的提出与实施，是推动城乡融合发展的深刻践行，是发展成果由人民共享、实现全体人民共同富裕的时代诉求。

（二）马克思主义城乡融合理论

马克思、恩格斯揭示了城乡分离的根源，提出了通过废除私有制打破城乡对立，促进城乡融合。首先，马克思、恩格斯认为，随着城市的不断发展，乡村的分散、孤立更为明显，城市与乡村的差异性进一步造成了两者之间的结构性失衡。其次，马克思、恩格斯提出了城乡分离的直接原因与经济原因。直接原因在于社会分工；经济原因在于资本主义生产关系，"资本主义生产使它汇集在各大中心的城市人口越来越占优势"❶，马克思在《共产党宣言》中指出"资产阶级使农村屈服于城市的统治"❷，在此前提之下，城市的集中意味着资本主义权力的集中，造就了对于乡村的剥

---

❶ 马克思恩格斯选集：第2卷 [M]. 北京：人民出版社，2012：233.
❷ 马克思，恩格斯. 共产党宣言 [M]. 北京：人民出版社，2018：32.

夺与压迫，加剧了城市与乡村之间的对立。再次，马克思、恩格斯提出消灭私有制，打破城乡之间的对立与分离，走城乡融合之路。马克思从产业分布与人口分布的角度提出消灭城乡对立的条件。从产业的角度，"把农业和工业结合起来，促使城乡对立逐步消灭；"❶ 从人口分布的角度，只有使人口尽可能的平均分布于全国，才能使农村人口从与世隔绝和愚昧无知的状态中挣扎出来。❷

1956 年社会主义三大改造的完成标志着我国消灭了生产资料私有制，实现了向社会主义公有制的转变。然而，在计划经济体制下城市与乡村之间的二元化管理造就了城乡之间的结构性失衡与差距不断扩大。尽管之前没有明确提出改变城乡二元经济结构，但党和国家在实践中已经作出了一些措施，比如准许有条件的农民进城务工、经商，甚至转为城镇户口等，标志着国家层面开始打破城乡二元对立。从党的十六大提出"统筹城乡发展"，党的十七大提出"形成城乡经济社会发展一体化"，到党的十八大提出"形成以工促农、以城带乡、工农互惠、城乡一体的新型工农、城乡关系"，再到党的十九大提出"实施乡村振兴战略，建立健全城乡融合发展体制机制和政策体系"，党中央提出的一系列城乡关系战略部署，一方面体现了我国城乡二元分离现象是存在的，另一方面充分体现了党中央对这一现象的高度重视，并从国家层面下定决心切实解决这个问题。中国的城市与乡村的关系，历经了"城乡分离—城乡统筹—城乡一体化—城乡融合"的变化与发展，体现出城乡关系并非是与生俱来自然形成的，城乡之间的分割、分离、对立仅是一个历史范畴，城市与乡村必然要走融合发展之路。乡村振兴战略与城乡融合发展相辅相成，构建城乡融合发展的体制机制是乡村振兴得以实施的前提条件，乡村振兴是开启城乡融合发展新局

---

❶ 马克思，恩格斯. 共产党宣言 [M]. 北京：人民出版社，2018：50.
❷ 马克思恩格斯选集：第 3 卷 [M]. 北京：人民出版社，2012：265.

面的钥匙。

（三）国家治理理论

西方"治理"的本质在于自由主义，主要是基于委托代理理论、公共选择理论、交易费用理论等。西方治理的基本思路是以民主为治理基础，自由为治理动力，有多元化的治理主体，竞争的治理机制，协调的治理效能。中国的国家治理理论并非西方语境下新公共行政学派所提的"国家对社会的干预"。中国治理的基本思路是以人民为治理基础，全过程协商为治理动力，中国共产党领导下的多元一体的治理主体，国家治理体系和治理能力现代化的治理机制，最终实现共享的治理效能。党的十八届三中全会首次提出了"国家治理"的概念。对于"国家治理"的内涵，学术界进行了多维度的阐述。有的学者根据语境的变化提出国家治理理论，如郁建兴认为国家治理、地方治理、基层治理并列出现时，此情境之下的国家治理指的是"提供全国性公共产品和承担跨区域协调治理的职能"❶；有的学者从狭义的角度提出国家治理理论，如翁士洪、周一帆认为，国家治理理论是治理理论在国家层面的运用，指主权国家的执政者及国家机关为了实现社会发展目标，通过一定的体制设置和制度安排，协同经济组织、社会组织、政治组织、公民等，共同管理社会公共事务、推动经济和社会其他领域发展的过程。❷

本书运用的国家治理理论，是广义上的"国家治理"，是中国共产党领导之下的"国家治理"。广义上来说，中国的国家治理就是在中国共产

---

❶ 郁建兴. 辨析国家治理、地方治理、基层治理与社会治理 [EB/OL]. (2019−08−30) [2020−01−30] 中国共产党新闻网，http://theory.people.com.cn/n1/2019/0830/c40531−31326555.html.

❷ 翁士洪，周一帆. 多层次治理中的中国国家治理理论 [J]. 甘肃行政学院学报，2017 (6)：5.

党的领导之下进行治国理政，包括时间、空间、横向、纵向等多层次的治理。从时间的逻辑层级上看，中国共产党过去、现在、将来都是领导国家治理的核心，在过去基本经验的基础之上，规划制定当下、未来的发展目标与战略举措；从空间的逻辑层级来看，中国共产党对于东、北、西、南、中等各个地区、中华民族与各少数民族进行领导与治理；从横向的逻辑层级来看，中国共产党领导党、政、军、民、学等，包括政治、经济、文化等各个领域；从纵向的逻辑层级来看，中国共产党领导中央—地方—基层的治理，中国的乡村治理是国家治理的基石，同时也是乡村振兴的基础。通过国家治理的视角，透视乡村振兴中乡村治理的结构变革、治理主体、治理方式、治理能力与治理体系等。

第三节　乡村振兴研究综述与研究意义

一、研究综述

（一）乡村振兴重点文件综述

自 2017 年乡村振兴战略提出以来，国家陆续制定多项乡村振兴相关政策。第一类，由中共中央和国务院联合发布的一号文件、规划、意见等；第二类，各部委陆续发布的相关支持政策，目的是推动乡村振兴战略规划尽快落地。如中央办公厅、国务院办公厅印发《关于加强贫困村驻村工作队选派管理工作的指导意见》《农村人居环境整治三年行动方案》《商务部农业部关于深化农商协作大力发展农产品电子商务的通知》《农村农业部关于开展休闲农业和乡村旅游升级行动的通知》以及民政部印发《关于开展全国农村留守儿童关爱保护和困境儿童保障示范活动的通知》等。有学者通过梳理发现，各部委出台的相关文件主要围绕产业发展、资金来源、用地保障、民生支持等方面，形成自上而下的政策合力，积极鼓励引导各方力量参与，深入推进乡村振兴战略在纵深方向得以落实。❶ 第三类，各省（自治区、直辖市）和各市县陆续出台的相关指导意见和政策措施。由于篇幅所限，本书仅对中共中央、国务院发布的专门论述乡村振兴的重点文件进行梳理，旨在展现乡村振兴战略的发展历程。

2017年10月，党的十九大基于"三农"问题第一次提出"乡村振兴战略"，并指出了三个逻辑层面的举措：从制度层面提出巩固和完善农村基本经营制度、深化农村集体产权制度改革、构建现代农业体系；从经济层面提出促进农村一二三产业融合发展；从组织层面提出加强农村基层基础工作，培养造就一支"三农"工作队伍。可以说，这就从顶层设计上揭开了新时代实施乡村振兴战略的序幕。

2018年1月，中央一号文件《中共中央国务院关于实施乡村振兴战略的意见》发布，其围绕三项阶段性目标任务、七项原则、六项基本要求、十项具体要求，对于新时代乡村振兴战略的实施作出了全面、具体的部署，描绘了新时代具有中国特色社会主义乡村振兴道路的宏伟蓝图，也是实施乡村振兴的规划图。

2018年9月，作为2018年中央一号文件的落实方案《乡村振兴战略规划（2018—2022年)》由中共中央、国务院印发。该方案明确与具化了2018年至2022年实施乡村振兴的各项工作，第一次提出了乡村振兴战略规划指标体系，即22项指标，包括3项约束性指标与19项预期性指标；提出了乡村治理体系构建计划、农村公共服务提升计划、乡村振兴人才支

---

❶ 廖年忠. 乡村振兴背景下新农村社区建设与治理研究 [M]. 重庆：重庆出版社，2019：12－13.

撑计划"三大计划"与农业绿色发展行动、农村人居环境整治行动、乡村就业促进行动"三大行动"。中共中央、国务院印发的《关于实现巩固拓展脱贫攻坚成果同乡村振兴有效衔接的意见》明确指出，脱贫攻坚完成后五年的过渡期，到 2025 年，"乡村振兴全面推进"。

2021 年中央一号文件《中共中央国务院关于全面推进乡村振兴加快农业农村现代化的意见》强调，2021 年巩固拓展脱贫攻坚成果决不能出问题、粮食安全决不能出问题；农业现代化、农村现代化要开好局起好步。2021 年中央一号文件的显著特点之一就是体现了统筹兼顾，兼顾当下与未来，既着眼于"十四五"开局，部署了 2021 年的工作任务；又放眼全局，指明了今后一个时期"三农"工作的方向。2021 年中央一号文件提出"全面推进乡村振兴"，并将全面推进乡村振兴上升为实现中华民族伟大复兴的一项重大任务的战略高度。

2021 年 4 月，《中华人民共和国乡村振兴促进法》（以下简称《促进法》）经第十三届全国人民代表大会常务委员会第二十八次会议表决通过。《促进法》围绕总则、产业发展、人才支撑、文化繁荣等方面作出了系统界定与规定，是立足于新发展阶段，走中国特色社会主义乡村振兴道路的法治指南，是保障全面实施乡村振兴的法治实践。

综上所述，乡村振兴从党的十九大作为七大战略之一被提出，到中央一号文件全面部署，战略规划的具化落实，再到上升为具有法律效应的保障机制，体现了中国共产党随着时代任务的变化，对于乡村振兴认识的不断深化与升华，并逐渐构建起一套有效推进乡村振兴实施、落地的完整体系。

（二）乡村振兴文献综述

1. 实施乡村振兴战略的意义

准确把握乡村振兴战略的重大意义是乡村振兴战略得以实施的逻辑前提。关于乡村振兴战略的重大意义，学术界主要从历史、实践、理论的角度分析了新发展阶段中国实施乡村振兴战略的重要意义。

从历史的角度来看，乡村振兴战略是历史发展的必然大势。乡村问题一直是历史长河中亟待解决的问题，我国的乡村在中国共产党的领导下，发生了重大的变化与改革。不同历史时期的乡村变革产生于不同的时代背景，具有不同的目标任务与政策举措。温铁军、邱建生、车海生认为"三农"问题是伴随过去一百多年我国被迫走上西方主导的工业文明道路而产生的。通过回顾改革开放40年"三农"问题的演进，提出乡村振兴标志着"三农"问题已然进入化解之道。❶ 郭俊华、卢京宇指出，从我国乡村的历史发展进程来看，党中央针对"三农"问题先后提出了乡村建设、社会主义新农村建设、乡村振兴等，乡村振兴是乡村治理在社会主义新农村建设基础上的转型升级。❷

从实践的角度看，实施乡村振兴战略是以习近平同志为核心的党中央基于时代发展新特征作出的科学抉择，是新发展阶段解决"三农"问题的"总抓手"。马义华、曾洪萍认为，在全面建设社会主义现代化国家新征程

---

❶ 温铁军，邱建生，车海生. 改革开放40年"三农"问题的演进与乡村振兴战略的提出 [J]. 理论探讨，2018（5）：5.

❷ 郭俊华，卢京宇. 乡村振兴：一个文献述评 [J]. 西北大学学报（哲学社会科学版），2020（2）：131.

中，农业现代化依然是"四化"最薄弱的环节。张阳丽、王国敏、刘碧认为，乡村振兴是根据城乡发展新特征，城镇化减速、经济发展速度放缓、经济结构优化升级以及人们对美好生活的需求越来越迫切作出的科学抉择。张娇认为，随着我国进入现代化，农村、农业的发展依然是我们的短板，依然面临着许多难题。如我国农村地区的生态环境破坏日益严重，乡村环境不断恶化；农村地区的基础设施建设以及公共服务建设相对落后，农民收入增加较慢。❶

从理论的角度看，乡村振兴战略是对马克思主义理论的继承与发展，进一步丰富了中国特色社会主义乡村振兴道路。王木森、唐鸣认为，马克思主义共享理论与中国建设、改革、发展实践相结合，形成了制度保障型共享、先富带动型共享、正义分配型共享三大中国化马克思主义共享思想基本形态。新时代实施乡村振兴战略的基本逻辑就是马克思主义共享发展，实施进路是共享治理。❷ 于涛从马克思主义城乡观的角度，提出乡村振兴应置于构建新发展格局的全局高度，同新型城镇化共同谋划，走中国特色社会主义乡村振兴道路。❸

2. 乡村振兴战略的内涵主旨

切实把握"乡村振兴"的内涵主旨是顺利推行乡村振兴战略的逻辑基础。关于"乡村振兴"战略的核心要义，学术界从狭义角度、广义角度、历史与现实相结合的角度开展阐述。

从狭义角度来探讨，徐俊忠认为，"乡村振兴战略"的内容十分丰富，

---

❶ 张娇. 我国"乡村振兴战略"的理论与实践研究 [D]. 西安：西安工业大学，2019：30.
❷ 王木森，唐鸣. 马克思主义共享理论视角下的乡村振兴战略：逻辑与进路 [J]. 新疆师范大学学报（哲学社会科学版），2019（5）：119 – 130.
❸ 于涛. 用马克思主义城乡观谋划乡村振兴 [J]. 毛泽东邓小平理论研究，2021（5）：22 – 29.

大体可以概括为产业兴旺、生态宜居、乡风文明、治理有效和生活富裕这"二十字总要求"。张建伟、图登克珠认为，乡村振兴总要求的各个方面息息相关、相互呼应。❶

从广义的角度来探讨，徐美银认为，乡村振兴战略具有丰富的科学内涵，涵盖了农业、农村和农民三个方面，根本举措是坚持农业农村优先发展，实现机制是城乡融合发展，最终目标是实现农业农村现代化。❷ 蒋永穆认为，从基本方向上看，乡村振兴战略始终把"三农"问题作为全党工作重中之重；从发展目标上看，从"推进农业现代化"转向"推进农业农村现代化"。❸

从历史与现实相结合的角度来探讨。李长学认为，实施乡村振兴战略是扭转乡村衰落、实现农业农村现代化的过程。乡村振兴战略具体包含四层含义：其一，主要为了解决社会主义现代化进程中的乡村衰落问题；其二，主要内容是"产业兴旺、生态宜居、乡风文明、治理有效、生活富裕"；其三，根本目标是实现农业农村的现代化；其四，实施是一个复杂的系统工程，应尊重发展规律、因地施策。❹

本书主要从广义的角度探析乡村振兴，主要包括三层含义。一是从历史角度来看，基于中国共产党领导下的乡村变革是在新时代应运而生的事物；二是从时间角度来看，主要聚焦于新发展阶段，着眼当前与未来，从巩固脱贫攻坚成果与乡村振兴有效衔接，乡村产业、人才、文化、组织振兴，乡村绿色发展，城乡一体化等方面探析乡村全面振兴；三是从实践角

---

❶ 张建伟，图登克珠. 乡村振兴战略的理论、内涵与路径研究 [J]. 农业经济，2020 (7)：22 - 24.

❷ 徐美银. 乡村振兴战略的科学内涵、动力机制与实现路径研究 [J]. 农业经济，2019 (12)：3 - 5.

❸ 蒋永穆. 基于社会主要矛盾变化的乡村振兴战略：内涵及路径 [J]. 社会科学辑刊，2018 (2)：15 - 21.

❹ 李长学. 论乡村振兴战略的本质内涵、逻辑成因与推行路径 [J]. 内蒙古社会科学，2018，39 (5)：13 - 18.

度来看，各地贯彻落实乡村振兴战略的有益实践应加以提炼、借鉴相关经验。

3. 乡村振兴战略的现实困境

乡村振兴战略是一项系统工程、长期任务，在实施过程中难免存在一些困难和问题。关于乡村振兴战略实施的现实困境，学术界主要围绕乡村振兴的治理水平、人才资源以及文化等方面展开研究。

围绕着乡村振兴治理水平有待提升方面，程晓娟认为，乡村治理问题突出地表现为乡村治理机制不完善，基层民主政治建设不到位，自治、法治、德治水平有待提升，村民参与度低、碎片化、低效率。❶ 曲延春、王海镔认为，乡村治理体系和治理能力亟待强化等。❷ 黎珍认为，新时代乡村治理体系面临乡村治理结构不合理，基层组织作用发挥不均等治理短板，治理水平有待提升。❸

围绕乡村振兴人才资源严重不足的情况，周晓光认为，制约乡村振兴战略实施的人才瓶颈是人才总量不足，难以承担乡村振兴的重任。❹ 卞文忠指出，人才匮乏的现实状况导致了一些地方在推动乡村振兴战略实施的过程中不具有全局视野、统筹思维和科学理念。❺

针对乡村的文化衰落问题，文丰安认为，人口大量外出，传统的节庆、风俗、饮食、手艺等失去了传承的土壤；在利益至上原则的支配下，传统的熟人关系网络及温情被瓦解，出现功利主义的泛滥。❻ 欧阳雪梅指

---

❶ 程晓娟. 实施乡村振兴战略面临的问题与对策建议 [J]. 农业经济, 2020 (7): 25 - 27.

❷ 曲延春, 王海镔. 乡村振兴战略: 价值意蕴、当前困局及突破路径 [J]. 江淮论坛, 2018 (5): 33 - 38.

❸ 黎珍. 健全新时代乡村治理体系路径探析 [J]. 贵州社会科学, 2019 (1): 73 - 77.

❹ 周晓光. 实施乡村振兴战略的人才瓶颈及对策建议 [J]. 世界农业, 2019 (4): 32 - 37.

❺ 卞文忠. 别让"人才短板"制约乡村振兴 [J]. 人民论坛, 2019 (1): 76 - 77.

❻ 文丰安. 新时代乡村振兴战略推进之理性审视 [J]. 重庆社会科学, 2018 (4): 16 - 24.

出，当前我国乡村存在国家意识形态建设式微、公共文化设施短缺、文化产品供给不足、宗教文化抢占农村文化阵地等问题。❶

当前，实施乡村振兴战略还面临着一系列现实困境。乡村治理短板导致的治理水平和治理能力现代化的薄弱；乡村人才紧缺导致乡村缺乏内生增长劳动力；乡村文化衰落导致人与人之间的情感淡漠；乡村生态环境的前期破坏与当前修复的进度不一导致人与自然失衡；城市发展对乡村的辐射带动效应不平衡不充分。此外，在推进乡村振兴战略过程中，个别地方误解、曲解乡村振兴，出现"黑色"振兴、"一刀切"式振兴、"输血"式振兴、"运动"式振兴等政策误区。因此，乡村振兴过程中的"人、制度、资源"等制约瓶颈需要在新发展阶段进一步破解。

4. 乡村振兴战略的推进路径

关于乡村振兴战略的实施路径，学者们主要围绕乡村振兴实施的体制机制、党建引领、人才培育、科技引领以及主体自觉塑造等方面展开研究。

围绕乡村振兴战略实施的体制机制方面，吴肇光、刘祖军、陈泽镕提出，要健全城乡融合发展体制机制、全面深化农村产权制度改革、建立涉农资金统筹整合长效机制和强化农村人才支撑体系。❷ 文丰安认为，要进一步深化农村产权制度的改革，大力培育新型农业的经营主体，帮助农民能够积极返乡创业，使农村发展的新动能得到进一步激活。❸

围绕乡村振兴战略实施的党建引领方面，龚睿认为，推动乡村治理主

---

❶ 欧阳雪梅. 振兴乡村文化面临的挑战及实践路径 [J]. 毛泽东邓小平理论研究，2018 (5)：30-36，107.

❷ 吴肇光，刘祖军，陈泽镕. 强化乡村振兴制度性供给研究 [J]. 福建论坛 (人文社会科学版)，2018 (4)：195-200.

❸ 文丰安. 新时代乡村振兴战略推进之理性审视 [J]. 重庆社会科学，2018 (4)：16-24.

体塑造，构建农村基层治理新格局，是促进乡村振兴战略实施的关键举措。❶ 段鹏超认为，乡村振兴战略的实施离不开基层党组织。乡村振兴过程中的基层党建工作首先应重视党的政治建设，以党的政治建设引领农村基层党建工作。❷ 汪俊玲认为，要切实强化政治引领功能、提升思想引领功能、加强组织引领功能以及优化服务引领功能。❸

围绕乡村振兴战略实施的人才培育问题，余永跃、雏丽认为，加强"乡村振兴"人才队伍建设，一方面，要继续加强村组干部建设，特别是村级党组织主要负责人的培养和选拔，选拔和培养一批"懂农业、爱农村、爱农民"的人才；另一方面，要实施积极有效的"三农"人才政策，激励各类人才以推动农业科技进步、农业农村现代化为己任等。❹ 张雅光认为，实施乡村振兴战略，关键在人。要配齐、配强"两委"班子，明确人才优先地位，培育新型职业农民，优化乡村人才环境，为乡村振兴提供人才保障。❺ 肖正德认为，乡村振兴战略需要大批承担国家使命、拥有乡土情怀、活化本土知识、掌握现代技术、具备创新能力的知识型、技能型、创新型乡村建设与管理人才，需要培养适应农村经济、政治、文化、社会和生态文明建设所需的各级各类人才，这既要建立承担不同规格、多种类型乡村振兴人才培养体系，又要建构相互联系的城乡一体化的、多类型多层次的大农村教育体系。❻

围绕乡村振兴战略实施的科技引领方面，刘合光认为，要在各个领域扩大现代科技成果的广泛应用以及让农民充分享受现代科技成果，并运用

---

❶ 龚睿. 政党嵌入与主体塑造：乡村振兴视阈下农村基层治理的生成逻辑 [J]. 河南社会科学，2020，28 (10)：68–75.
❷ 段鹏超. 乡村振兴中的基层党建工作如何抓 [J]. 人民论坛，2018 (16)：188–189.
❸ 汪俊玲. 乡村振兴离不开农村基层党组织的引领 [J]. 红旗文稿，2018 (15)：31–32.
❹ 文丰安. 新时代乡村振兴战略推进之理性审视 [J]. 重庆社会科学，2018 (4)：16–24.
❺ 张雅光. 乡村振兴战略实施路径的借鉴与选择 [J]. 理论月刊，2019 (2)：126–131.
❻ 肖正德. 乡村振兴所需人才培养与大农村教育体系构建 [J]. 杭州师范大学学报（社会科学版），2021，43 (2)：108–113.

这些成果实现乡村振兴等。● 如加强对小农户的科技教育帮扶，加大对小农户的现代农机农具支持以及拓展对小农户的社会保障帮扶。● 此外，还有学者强调利用自媒体平台助力乡村振兴。如利用斗鱼直播平台助力乡村振兴●，探索官员直播带货作为县域政府实现乡村振兴的方式。●

围绕乡村振兴战略实施的主体自觉方面，徐顽强、王文彬认为，实施乡村振兴战略的关键在于重塑农民主体自觉。一方面，要积极强化乡村振兴认同；另一方面，要强化农村发展中的农民主体协同与合作。● 黄祖辉认为，要赋予农民主体权利和主体责任，并提高农民的组织化程度。此外，还要通过教育、社保、产权等体制改革，提升乡村人力资源质量。● 吕宾认为，农民是乡村振兴的主体，必须明确自己的主体身份和作用，实现由旁观者到建设者，由局外人到局内人的角色转变。●

乡村发展要切合实际，尊重乡村发展规律。基于此，学术界围绕乡村振兴实施的体制机制、党建引领、人才培育层面、科技引领层面、主体自觉塑造等方面进行了全方位的探讨，并提出相关路径，以形成推进乡村振兴的强大政策、体制与路径合力。

5. 乡村振兴战略经验借鉴

"他山之石，可以攻玉"，有针对性地借鉴关于"乡村振兴"实施的一

● 刘合光. 乡村振兴战略的关键点、发展路径与风险规避 [J]. 新疆师范大学学报（哲学社会科学版），2018，39（3）：25 – 33.

● 许伟. 中国特色社会主义乡村振兴的特质和实践路径 [J]. 中南民族大学学报（人文社会科学版），2020，40（3）：145 – 151.

● 夏银银. 斗鱼直播平台助力乡村振兴的路径探析 [J]. 传媒，2019（24）：65 – 66.

● 任彬彬，颜克高. 官员直播带货：县域政府实现乡村振兴的新探索：基于基层治理创新视角 [J]. 兰州学刊，2021（1）：137 – 151.

● 徐顽强，王文彬. 重塑农民主体自觉：推进乡村振兴之路 [J]. 长白学刊，2021（2）：109 – 115，2.

● 黄祖辉. 准确把握中国乡村振兴战略 [J]. 中国农村经济，2018（4）：2 – 12.

● 吕宾. 乡村振兴视域下乡村文化重塑的必要性、困境与路径 [J]. 求实，2019（2）：97 – 108，112.

些好理念、好思路、好方式和好举措对推进乡村振兴战略具有重要启示意义。关于乡村振兴战略实施的经验借鉴，学界围绕国内国外的一些做法进行了梳理，尤其是对发达国家的乡村振兴经验进行了系统总结。

一是国外经验借鉴。沈费伟、刘祖云从多中心治理理论的视角总结发达国家乡村治理的成功经验，即政府、农民协会、企业、高等院校、金融机构、乡村精英协同推动乡村可持续发展。❶ 徐雪分析、归纳了日本乡村振兴运动的主要经验，以法律保障为根本，依法推进乡村振兴运动；以形式多样的补贴为手段，激励农民从事农业；以城乡融合和农村产业融合提升农村发展活力；以人才振兴为重要抓手，筑牢乡村持久振兴的根基。❷ 王鹏、刘勇回溯了日本和韩国的乡村发展历程，深入分析了两国乡村发展经验与教训，结合目前中国乡村发展存在的问题和出现的机遇，提出从顶层设计、精神文明建设、基层治理体系等方面入手，探索一条符合中国国情的特色乡村振兴道路。❸ 由此可见，要全面系统看待国外经验，尤其注意我国与其他国家之间的现实基础、发展阶段、人民需要等方面的差异。

二是国内经验借鉴。冯道杰、程恩富认为，贵州省塘约村在党组织领导下，重新把农民组织起来，大力发展和壮大农村集体经济与合作经济，实现了集体快速脱贫奔小康，走上共同富裕道路，为现阶段贯彻乡村振兴战略提供了成功的经验借鉴。❹ 李永忠总结了乡村振兴的成功范式——尧治河的成功经验，并将其归纳为"三个始终"：一是在主体地位上，始终坚持以村民为中心；二是在资源配置上，始终坚持以市场为基础做决定；

❶ 沈费伟，刘祖云. 发达国家乡村治理的典型模式与经验借鉴 [J]. 农业经济问题，2016，37 (9)：93 –102，112.

❷ 徐雪. 日本乡村振兴运动的经验及其借鉴 [J]. 湖南农业大学学报（社会科学版），2018，19 (5)：62 –67.

❸ 王鹏，刘勇. 日韩乡村发展经验及对中国乡村振兴的启示 [J]. 世界农业，2020 (3)：107 –111，121.

❹ 冯道杰，程恩富. 从"塘约经验"看乡村振兴战略的内生实施路径 [J]. 中国社会科学院研究生院学报，2018 (1)：22 –32.

三是在乡村振兴上，始终坚持以文化为传导。❶

在乡村振兴战略实践过程中，一方面，将国内实施乡村振兴战略典范地区在全国加以推广；另一方面，要比较中国与国外乡村发展的异同，吸纳可借鉴经验"为我所用"。因此，中国乡村振兴战略必将博采众长，也必将在新发展阶段有效落地。

综上所述，学者们基于自身专业、从不同视角探讨乡村振兴的相关问题主要包含以下五个方面。一是从历史演进、时代之需、理论之基等方面分析乡村振兴的生成依据；二是从概念、特征、范畴等方面阐述乡村振兴战略的内涵主旨；三是从乡村振兴的关键领域出发，发现当前推进乡村振兴面临的困境与阻塞；四是根据现实中存在的困境，探究实施乡村振兴战略的具体路径以及对于未来推进乡村振兴的展望；五是放眼国内外有关乡村振兴的实践，总结规律，借鉴有益经验。综合来看，一方面，还需要对已有研究进行理论深化，对于乡村振兴战略的基本内涵、理论外延及其各要素之间的逻辑关系等一系列基本问题还尚未达成共识；另一方面，国外学者研究或国内外学者合作研究乡村振兴战略仍较为稀缺。乡村全面振兴并非一时之功，必须做好"打持久战"的长期准备。

二、新发展阶段中国乡村振兴的研究意义

随着乡村振兴战略在实践中地不断推进，乡村振兴成为学界的研究"热点"之一。然而，相较于乡村振兴的实践需求来说，乡村振兴的学术研究尚处于起步阶段。因此，进一步深化乡村振兴战略，尤其是探究新发展阶段的乡村振兴，具有长远的理论意义与实践意义。

---

❶ 李永忠. 尧治河：乡村振兴的成功范式 [J]. 人民论坛，2018（32）：125.

（一）理论意义

第一，对马克思主义理论的继承、发展。乡村振兴战略是立足于中国乡村现状、旨在解决当前农业农村农民问题的时代产物，其中蕴含的共享、绿色、城乡融合发展、社会善治、以人为本等思想体现了中国共产党基于乡村实际与时代需要，对于马克思主义理论的继承、运用与发展。

第二，对马克思主义反贫困理论的创新。中国特色反贫困理论对于马克思主义反贫困理论作出了原创性贡献。我国脱贫攻坚重点以贫困属性与贫困特点为突破口，我国贫困的特点主要体现为公有制基础上的劳动力水平相对偏低。基于此，脱贫攻坚以产业、就业为途径，改善贫困地区、贫困群体的生产、生活环境为重要条件，旨在促进劳动力水平的提高。坚持党的领导，实施精准扶贫和开发式扶贫，架构起行业扶贫、专项扶贫、社会扶贫的互补模式，聚合全社会合力扶贫，其政策体系、具体措施、制度框架建构等对于其他国家的反贫困具有重要参考意义。

第三，中国的乡村振兴与脱贫攻坚之间具有相对一致性与接续性。打赢脱贫攻坚战为全面推进乡村振兴奠定了坚实的基础。因此，巩固脱贫攻坚成果与乡村振兴的有效衔接是新发展阶段推进乡村振兴战略过程中的重要一环。探析新发展阶段的乡村振兴，探索中国特色社会主义乡村振兴道路，既有利于深化当前对于乡村振兴的认识，明晰乡村振兴的重大意义与内涵主旨，又可以总结具有中国特色的乡村变革与乡村振兴规律，为其他国家的乡村建设提供可借鉴的经验。

（二）实践意义

理论研究的最终目的在于指导实践行动。第一，探究中国共产党领导下乡村变革的百年历程，梳理中国乡村的百年之变，总结中国乡村发展的经验规律，有利于更好地理解乡村振兴提出和实施的战略意义。第二，提出新发展阶段乡村全面振兴的实践路径，从乡村的角度看，有利于加强基层党组织建设，推动农村经济、文化、生态、社会等各方面发展，促进农民富裕，加快实现农业现代化；从社会的角度看，有利于处理好城乡关系与工农关系，尽早解决"一条腿长，一条腿短"的问题；从国家的角度看，有利于推进中华民族伟大复兴的进程。从长远来看，民族复兴与乡村振兴的步调是一致的，乡村振兴是民族复兴的一项重大任务。倘若没有乡村的全面振兴，中华民族伟大复兴便无从谈起。

第二章 中国乡村变革的百年征程

马克思主义社会形态演变理论表明，生产力与生产关系的矛盾运动推动了人类社会的发展，在不同的历史阶段表现出不同的"经济的社会形态"。纵观历史，中国从衰败落后到全面小康的乡村变革史，就是一部党领导乡村变革的奋斗史。在中国共产党的领导之下，在不同历史时期对中国农村进行了破立并举、大刀阔斧的改革，虽然过程并不总是一帆风顺的，但总体而言促进了乡村的建设与变迁。

第一节 新民主主义革命时期

一、乡村建设运动

20 世纪初期的乡村建设运动，诞生于内忧外患的社会环境中。中国人民内受封建主义的剥削，各方军阀征战不休，外受帝国主义的欺侮，加之当时的中国开始进入工业化原始积累阶段，工业进一步加重了农业的负担，传统小农经济站在了濒临破产的路口。面对乡村衰败凋零的惨状，为了挽救乡村民不聊生的状况，各地的乡绅与知识分子自发进行了乡村建设运动。这一时期是由乡绅和知识分子为主的社会精英主导的"乡村建设运动"。

晚清和民国初年，米鉴三、米迪刚父子在河北定县翟诚村的乡村自治实验启动了民国乡村建设运动。20世纪20年代，大批知识分子拉开了乡村建设运动的序幕。第一种是乡村建设主流派，主要由教育团体、学术团体、民众教育馆、大中专院校等组成。第二种是由地方政府主办的实验县或实验区。第三种主要由教会组织、地方乡绅、慈善机构等主办。

在乡村建设运动高潮中，涌现了很多实践模式。第一种为定县模式，也成为"青年会式"，主要代表人物晏阳初联合中华平民教育促进会在定县、新都、衡山等地进行的实验。第二种为北碚模式，主要代表人物是卢作孚在重庆北碚所进行的实验。第三种为邹平模式，主要代表人物梁漱溟联合山东乡村建设研究院在山东邹平所进行的实验。第四种为无锡模式，主要代表人物为高践四等，联合江苏省立教育学院在无锡进行的实验。第五种为晓庄模式，主要代表人物为陶行知，联合中华教育改进会创办了晓庄学校。第六种为徐公桥模式，主要代表人物是黄炎培、江恒源等，联合中华职业教育社在徐公桥、沪郊、善人桥、黄墟等地进行的实践。当时的乡村建设团体和机构复杂，各自的方式不同，但关心乡村和立志救济乡村却是所有团体的共同点所在。

然而，以知识分子主导的乡村建设运动，在实践中更多倾向于文化和教育方面，符合知识分子当时所代表的"教化"权力角色。只能建立在既有知识框架下，针对乡村问题遵循"问诊—开药—手术"的流程，虽然也取得了一些效果，但并没有真正推动乡村发生根本性的变革。因此，在中国社会的基本制度没有发生根本改变的大背景下，注定了以教育为主要方式的乡村建设运动举步维艰，归于破产的结局。

二、农民闹革命，翻身得解放

新民主主义革命时期是中国共产党领导乡村变革的起始阶段。中国共产党把农村作为革命的根据地、把农民作为革命的核心力量，通过土地革命探索"农村包围城市"的革命道路。1928 年 12 月，湘赣边界苏维埃政府颁布了《井冈山土地法》，这是第一个革命根据地的土地法规。由于受当时"左"倾路线的影响，少部分法规内容变相地剥削了农民的土地，如"没收一切土地""土地收归政府""禁止买卖"等。1929 年 4 月，《兴国土地法》出台，对原来的一些错误内容进行了修正，将"没收一切土地"调整为"没收公共土地及地主阶级土地"。1929 年 6 月，红四军司令部、政治部布告将"土地收归政府"修订为"田地归耕种的农民所有，不再交租予田东"。1930 年中华革命军事委员会发布《中国革命军事委员会土地法》取消"禁止买卖土地"。在土地革命的法规颁布修订的过程中，保护了农民的利益，工农红军逐渐得到了广大农民的拥护和支持。

抗日战争期间，为了进一步巩固和扩大抗日民族统一战线，中国共产党因时而变，将土地政策调整为减租减息政策。1937 年 8 月 25 日，洛川会议通过《抗日救国十大纲领》，将"减租减息"作为基本政策，用以解决农民土地问题。1942 年 1 月 28 日，中共中央颁布了《中共中央关于抗日根据地土地政策的决定》，制定了抗日时期土地政策的三项原则，提高了当时农村基层的抗日积极性。

解放战争时期，1945 年 11 月 7 日，中共中央发布《减租和生产是保卫解放区的两件大事》的指示，开展反奸清算和减租减息运动。1947 年 7 月，解放战争进入战略进攻阶段，为了争取最广大人民的支持，中国共产党把普遍实行土地改革提上议程。1947 年 9 月，中共中央通过了《中国土地法大纲》。《中国土地法大纲》共十六条，总结了中国共产党过去二十多年土地革命的经验与教训，调动了农民革命和生产的积极性，为革命胜利奠定了基础。

第二节　社会主义革命、建设和改革时期

一、农业集体化，乡村建设新探索

中华人民共和国成立后中国共产党领导广大人民揭开了中国乡村建设的新篇章，积贫积弱的农村贫困状态有所缓和。第一，土地所有制的转变。中国共产党领导翻身得解放的广大农民，开展了轰轰烈烈的土地改革运动，彻底铲除了封建土地所有制，建立了社会主义农村的生产关系。1950 年《中华人民共和国土地改革法》的颁布标志着中国农村土地改革的基本完成，实现了中国农民"耕者有其田"。第二，乡村组织的转型。从基本建制的角度看，土地改革到人民公社化运动这段时期，中国农村呈现"乡政村治"的模式，兼具政府管理与村民治理的双重功能。这是伴随着土地改革运动所产生的正向效应，同时也是对于"乡里制度"的重塑。第三，乡村文化教育的开展。中华人民共和国成立初期，我国文盲率高达80% 以上，为改变农村落后的面貌，提高农民的文化水平，党领导了一场扫盲运动，把扫除文盲作为党在农村工作的一项重点。1955 年 6 月，将积极开展农民业余文化教育，扫除文盲上升为"当前一项重要的政治任务"的高度。在农村地区借助冬学、识字班、夜校、农业业余学校等开展农村教育，广大农民的识字思想政治觉悟与识字率有了显著的提高。

20 世纪 50 年代中后期开始，中国共产党带领人民展开了农村社会主

义建设的初步探索。由毛泽东起草、中国共产党中央委员会提出的《1956
年到 1976 年全国农业发展纲要》成为这一时期中共产党针对社会主义新
农村建设制定的一个完整规划。人民公社化运动几乎波及了中国乡村的每
一个角落。这场近似于"乌托邦"式的"共产主义"乡村改造运动是一种
"表达性事实",而非"客观性事实"。❶ 党和政府领导人民采取多方面措
施,全面展开农业生产发展和农村建设。这一时期中国乡村建设几乎陷入
停滞,因为这种违背经济社会发展规律,以开展群众运动的方式推进农村
建设的做法是不可取的。但从历史的角度看,这场乡村社会主义改造运动
也在一定程度奠定了未来乡村发展的基础。

　　在严重困难面前,中共中央开始大力纠正农村工作中的"左"倾错
误。但是,与此同时,从 1962 年起,随着党内阶级斗争扩大化为主要特征
的"左"倾错误再度发展,社会主义农村建设被逐步披上了阶级斗争的政
治色彩,经历了许多曲折。这一时期,出于维护国家独立安全和经济发展
的考量,实施优先发展重工业战略。党领导农民开展互助合作小组、人民
公社运动,实行统购统销制度、户籍制度等,发展集体经济,以保障优先
发展重工业。毛泽东同志提出"小仁政"与"大仁政"的重要论断,"仁
政有两种:一种是为人民的当前利益,另一种是为人民的长远利益"❷,为
人民当前的利益是小仁政,为人民长远的利益则是大仁政。此时的农村发
展让步于重工业发展具有必然性。农业为支援国家工业化提供了粮食、劳
动力、资金、原材料等物质资源,但给农村带来的后果就是无法解决的基
本温饱问题,甚至产生更多的社会问题。因此,重新进行生产关系的方向
性改革势在必行。

---

　　❶ 黄宗智,彭玉生. 三大历史性变迁的交汇与中国小规模农业的前景 [J]. 中国社会科学,
2007(4):74-88,205-206.
　　❷ 毛泽东年谱(一九四九——一九七六):第二卷 [M]. 北京:中央文献出版社,2013:
163.

二、农村全方位改革，社会主义新农村建设

1978 年，党的十一届三中全会作出实行改革开放的历史性决策。随着农村市场化改革的起步并不断深化，农村经济社会获得了长足的发展。

第一阶段，确立农民市场主体地位（1978—1984）。在这一阶段，全国基本实现家庭联产承包责任制和统分结合双层经营体制的大变革，实质上确立了农户和家庭的市场主体地位。

第二阶段，重点探索农产品流通体制改革（1984—1992）。在这一阶段，核心是改革传统的统购统销体制，确定农产品流通的"双轨制"模式。

第三阶段，深化市场变革阶段（1992—2002）。此阶段主要通过对农产品销售实行统销与平价销售体制，使农业生产能力大幅提升，主要农产品供给能力增强，农村温饱问题基本解决，局部小康社会初步实现。

第四阶段，城乡统筹和农村全面发展、农村社会事业建设阶段（2002—2012）。在这个阶段，取消了各种农业税费，改革了农产品进出口贸易体制，推进了农村义务教育、县乡财政管理体制为主要内容的综合改革，着力解决了进城农民工的就业、子女教育、医疗等民生问题，围绕着城乡一体化主题开展新农村建设等，构建了"工业反哺农业，城市支持农村"的制度框架。

第三节 中国特色社会主义新时代

进入新时代，我国社会的不平衡不充分的发展，突出反映在农业和乡

村发展的滞后上。党的十九大提出实施乡村振兴战略是开创中国特色农业农村现代化道路的内在要求，也是解决发展不平衡不充分问题的关键和难点。

一、乡村振兴的指导思想

进入新发展阶段，推进乡村振兴必须以习近平新时代中国特色社会主义思想为指导，加强党对"三农"工作的领导，坚持把解决好"三农"问题作为全党工作的重中之重。坚持农业农村优先发展，按照乡村振兴"二十字"总要求，建立健全城乡融合发展体制机制和政策体系。统筹推进"五位一体"总体布局，加快推进农业农村现代化，走中国特色社会主义乡村振兴道路。党的十九大以来，习近平总书记关于乡村振兴的重要论述，为实现巩固拓展脱贫攻坚成果同乡村振兴有效衔接、全面推进共同富裕目标导向下的乡村振兴提供了行动纲领，指明了道路方向。

新发展阶段乡村振兴的重大任务在于，借助乡村资源，持续发掘符合时代要求的政治价值、经济价值、文化价值、社会价值、生态价值。

二、乡村振兴的基本原则

进入新发展阶段，各级党委和政府要真正把实施乡村振兴战略摆在优先位置，把握乡村振兴的基本原则。

（一）坚持党管农村工作

党的领导是中国特色社会主义道路的本质特征和最大政治优势，也是中国特色社会主义乡村振兴道路根本政治保障。只有坚持党的领导，才能够坚持正确方向，凝聚最广泛合力，实现共同富裕。

中华人民共和国成立以来，中国乡村建设的每一次成功，都是中国共产党带领广大人民群众艰苦奋斗得来的。特别是党的十八大以来，中国共产党带领全国人民摆脱了绝对贫困，充分彰显了党的领导这一制度优势的强大力量。

进入新发展阶段，必须毫不动摇地坚持党对乡村建设工作的全面领导，加强农村基层组织和基层政权建设，巩固党在农村的执政基础，使党员干部成为推进乡村振兴的带头人，形成推进乡村振兴的强大合力。

（二）坚持农业农村优先发展

坚持农业农村优先发展是解决"三农"问题的迫切需要。农业、农村和农民问题，始终是关系我国经济全局的重大问题，"三农"问题解决不好，农业的基础地位就无法巩固和加强。只有通过巩固和加强农业基础地位，应用现代先进的工业设备、科学技术、经营方式和管理手段发展农业，才能从根本上促进农业和农村经济发展和农民增收，促进农村社会全面进步。

坚持农业农村优先发展，将在更大范围和更高层次上实现农业资源的优化配置。在乡村振兴过程中，要把坚持农业农村优先发展作为全社会的共同行动，加快补齐农业农村短板。

（三）坚持农民主体地位

农民是发展农业农村经济、推进农村改革发展的主体，是实现乡村振兴的决定性因素。纵观中国农村改革实践，实行家庭联产承包责任制、村民自治、乡镇企业异军突起、农村专业合作经济组织等，都是农民主体作用得到发挥的体现。在乡村振兴过程中，要切实发挥农民在乡村振兴中的主体作用，既要依靠农民的聪明才智，又要切实维护农民利益，调动亿万农民的积极性，不断提升农民的获得感、幸福感、安全感。

（四）坚持乡村全面振兴

在乡村振兴过程中，要统筹谋划农村各方面建设，注重整体部署，全面协调推进。一方面，要进一步稳定和完善农村基本经营制度，健全严格规范的农村土地管理制度，建立现代农村金融制度，进一步增加对农业、农村的投入，放开搞活农村经济，把发展农村生产力放在首位。另一方面，要把"全面推进"作为乡村振兴战略实施的方向，妥善处理中央与地方、城市与农村、外部帮扶与内部挖掘等方面的关系，确保乡村振兴在统筹兼顾中有序推进、行稳致远。

（五）坚持城乡融合发展

要坚持城乡融合发展，只有促进、实现各种资源要素在城乡之间合理配置、公平流动，才能真正从根本上消除城乡二元结构，逐步实现共同富裕。

从体制机制方面分析，由于历史上相关体制机制条件的制约，长期以来我国形成的城乡分割二元结构仍然存在，现实中的城乡二元分离现状仍未根本消除，城乡发展失衡问题尚未根本解决，工农关系不协调亟待改变。只有从体制、机制改革创新着手，遵循党中央关于全面推进乡村振兴的精神和工作原则，建立城乡融合发展体制机制和政策体系，构筑支持农业农村发展的保障体系，才能从根本上打破城乡二元发展模式，实现城乡共生发展，共同繁荣。

在全面推进乡村振兴实践中，要合理有效配置各种资源，推动城乡要素自由流动、平等交换，实现城乡、区域协调发展，使广大农民平等参与现代化进程、共享改革发展成果。

（六）坚持人与自然和谐共生

生产价值决定了生活价值，生态价值影响着生活价值，要创造人民的高质量生活，就要统筹推进生产价值、生态价值与生活价值的协调一致。在乡村振兴中，要时刻秉持绿水青山就是金山银山的生态理念，为了子孙后代、千秋万代的美好生态环境，在日常生活中要将保护优先、节约优先与自然恢复为主落实到位、落实到底；统筹推进山水林田湖草沙的协同治理与系统治理，尊重自然生态系统的自我运转与有序运转；生态保护是红线也是底线，坚决不能逾越生态保护这一底线，在乡村振兴过程中实现绿色发展、生态发展。

（七）坚持因地制宜、循序渐进

我国地大物博、农村地域广阔的地理条件决定了各地的自然条件、社会发展、文化习俗、矿物资源等各方面的差异。在乡村振兴中，一方面，在尊重乡村之间差异性的基础上，科学分析各地的发展走势与发展前景，因地制宜制定规划措施，宜粮则粮、宜渔则渔、宜林则林、宜牧则牧，根据地形地势、气候状态、人文条件等综合因素加以考量，走具有地方特色、符合本地实际的道路，学习全国典型案例的前提是与本地发展相符，而不是盲目追随。另一方面，推进乡村振兴过程中，农民搬迁问题不能操之过急，更不能"一刀切"，要遵循循序渐进的原则。村庄的差异性是很大的，尤其很多村民具有安土重迁的思维，不愿搬离祖祖辈辈居住的地方。因此，在处理村庄的集聚、撤并过程中，首要的就是做村民的工作，晓之以理、动之以情，以人性化的方式去疏通村民，以促进村庄的撤并与农民的搬迁。此外，涉及传统特色村落建筑的，要注重保留、保护、修复等，而不能一味追求城镇化而抛弃优秀传统建筑文化。

(八) 坚持共同富裕的方向

乡村振兴、生活富裕是根本。让亿万农民走上共同富裕，是中国共产党的初心，体现了党的"以人民为中心""人民至上"执政理念，也是走中国特色社会主义乡村振兴道路的内在要求和伟大目标。在乡村振兴过程中，以共同富裕为方向和目标指引，才能最大限度激发、调动亿万农民参与乡村建设的积极性、主动性和创造性，才能汇聚各种生产要素资源在城乡间合理有效配置和流动，实现各方主体共建共治共享，走符合我国国情的农村发展道路。"八个必须"是乡村振兴战略实施过程要坚持的基本原则，是新形势下推进乡村振兴的总体要求和行动纲领，为新发展阶段农业、农村、农民问题的解决指明了方向、确立了目标、明确了重点。

三、乡村振兴的任务：中长期战略目标接续推进

乡村振兴的战略目标着眼于农业、农村的长远发展和农民生活水平的提高。在历史逻辑方面，从中华人民共和国七十多年的减贫之路来看，解决温饱、摆脱绝对贫困只是阶段性任务，新时代、新阶段农村的最终发展目标是实现乡村的繁荣发展、有效治理和全面现代化。[1]

按照中共中央、国务院印发的《乡村振兴战略规划（2018—2022年)》，实施乡村振兴战略的目标任务为，到2020年，乡村振兴的制度框架和政策体系基本形成，全面建成小康社会的目标如期实现；到2022年，乡村振兴的制度框架和政策体系初步健全；到2035年，乡村振兴取得决定性进展；到2050年，乡村全面振兴，农业强、农村美、农民富全面实现。这是我国乡村振兴战略的中长期目标，要实现这样的中长期目标，需要以制度变革为内生动力，不间断地、一个目标接着一个目标持续推进。乡村振兴战略是以产业兴旺为基石，以生态宜居为关键，以乡风文明为保障，以治理有效为基础，以生活富裕为根本。从历史发展的角度来看，乡村振兴的总要求较新农村建设总要求更高、更深刻，这也充分体现了新时代农业农村发展对现实提出了层次更高的要求。

四、乡村振兴的动力机制：多元主体嵌入性探析

中国共产党带领广大人民群众开展乡村振兴，需要依靠诸多的动力来

---

[1] 张青，郭雅媛. 脱贫攻坚与乡村振兴的内在逻辑与有机衔接 [J]. 理论视野，2020 (10)：55－60.

源主体。张青、郭雅媛认为"一个国家的现代化，绝不是单纯的内部因素或外部因素起作用的结果，而是内外因相互作用的产物"❶。一方面，基层党组织是开展乡村治理工作的根本领导力量，解决"三农"问题、推进乡村振兴，关键在于党的领导。另一方面，要充分激发与调动广大农民参与乡村建设的主动性与积极性。

乡村振兴既是一项艰巨复杂的工程，也是需要各方主体力量协同、联动、参与的系统性工程。这就决定了乡村振兴战略实施需要构建以政府为主导、市场与社会力量广泛参与、具有多元化主体协同联动的大格局，通过政府决策引导、市场经济互补及社会主动参与等多样化的方式，形成产业振兴、生态振兴、文化振兴、人才振兴及组织振兴"五位一体"的实施机制，有力有序推进工作。

通过完善顶层设计，明确中央和地方各主体在乡村振兴战略实施大格局中的角色定位、作用和参与方式路径。以宣传、引导以及政策支持等方式推动市场主体与社会主体从脱贫攻坚实践逐渐转向乡村振兴行动，提高各方面主动参与乡村振兴战略实施的主动性、积极性。以实现亿万农民对美好生活向往、实现共同富裕为目标、方向和指引，引导农民在实施乡村振兴中转变等靠要观念、转换身份角色，以主人翁的姿态参与乡村建设、乡村发展，逐渐转化为乡村振兴的长期有效的内生动力。持续发挥政府在规划引导、政策支持、法制保障等方面的主导作用。同时遵循市场规律，发挥市场对要素资源配置决定性作用，不断增强乡村地区发展竞争力。继续创新多元主体参与乡村振兴的机制和模式，调动、激发、挖掘更多社会主体参与乡村振兴的潜力，实现政府、市场与社会的协同联动。

总之，促进乡村振兴的力量是多元的，其中中国共产党是领导力量，政府须发挥主导作用；市场、社会及其广大人民群众是主体力量，要充分

---

❶ 丰子义. 马克思主义社会发展理论研究 [M]. 北京：北京师范大学出版社，2017：231.

调动主体力量参与；生产技术是支撑力量，须不断掌握和利用新兴技术力量为乡村振兴服务；改革措施是直接力量，必须树立创新思维，不断革新破旧，为乡村振兴提供直接的改革动力。

第三章 巩固脱贫攻坚成果
与乡村振兴有效衔接

顶层设计与基层实践的关系本质上是"实践—认识—再实践—再认识"的逻辑过程，二者之间是辩证统一的，既是认识论和实践论的统一，也是制度设计的理论创新和实践探索相结合之必然。推进脱贫攻坚与乡村振兴的有机衔接，要在衔接制度的顶层设计与基层实践互动中加以推进。❶

第一节 建立健全巩固拓展脱贫攻坚成果长效机制

实现巩固拓展脱贫攻坚成果与乡村振兴有效衔接，关键要做好政策衔接，健全中央统筹、省级总负责、市县乡抓落实的工作机制，完善利益联结机制，促进脱贫人口稳定就业。

---

❶ 卢黎歌，武星星. 后扶贫时期推进脱贫攻坚与乡村振兴有机衔接的学理阐释 ［J］. 当代世界与社会主义，2020（2）：89－96.

一、保持主要帮扶政策总体稳定

如何巩固拓展脱贫攻坚成果与乡村振兴有效衔接？这就要求中央和地方在制定和完善乡村振兴相关制度、机制、政策时必须注重前后的持续性、相互间的兼容性和总体协同性，最大限度地保障相关制度、机制、政策在具体实施过程中能够无缝对接。继续延续脱贫攻坚的好政策，保证各项涉农政策相对稳定，避免因政策取消或政策变化而消解脱贫成果。中央提出，对摆脱贫困的县，从脱贫之日起设立 5 年过渡期，逐步实现由集中资源支持脱贫攻坚向全面推进乡村振兴的平稳过渡。推进乡村振兴，要严格落实"四摘四不摘"，即摘帽不摘责任、摘帽不摘政策、摘帽不摘帮扶、摘帽不摘监管。根据脱贫后的实际情况，为实现乡村振兴提供有力的政策支撑，逐步实现由集中资源支持脱贫攻坚向全面推进乡村振兴平稳过渡。继续深化对口帮扶，继续做好帮扶工作队伍和人才的衔接，确保帮扶项目和资金不断、对口支援单位帮扶力度不减。

二、健全防止返贫动态监测和帮扶机制

巩固拓展脱贫攻坚成果与乡村振兴有效衔接，要对脱贫不稳定户、边缘易致贫户、基本生活严重困难户，开展定期检查、动态管理。要充分利用先进技术手段提升监测准确性，健全监测对象快速发现机制。依靠乡村干部、驻村干部、乡村网格员等基层力量，及时掌握分析媒体、信访等信息，拓宽风险预警渠道，进行常态化预警。完善监测对象识别程序，新识别监测对象增加农户承诺授权和民主公开环节。完善帮扶政策，使用行业

政策、各级财政衔接推进乡村振兴补助资金等，开展政策帮扶；根据监测对象的风险类别、发展需求开展针对性帮扶，进行精准施策。对有劳动能力的，坚持开发式帮扶方针；对无劳动能力或部分丧失劳动能力的，做好兜底保障；对内生动力不足的，持续扶志扶智，激发内生动力。继续发挥东西部协作、对口支援、中央单位定点帮扶等制度优势，加强社会帮扶。

三、巩固"两不愁三保障"成果

巩固拓展脱贫攻坚成果与乡村振兴有效衔接，要落实行业主管部门工作责任，巩固"两不愁三保障"成果。稳定农村家庭经营性收入，增加农民工资性收入，促进农民财产性收入增长，逐步提高农民转移性收入。要巩固拓展饮水安全成果。加强饮水安全设施建设，完善饮水安全管理制度，建立以水养水保障机制。要建立农村脱贫人口住房安全动态监测机制。持续完善医疗保障制度体系，全面落实基本医保待遇政策，夯实医疗救助托底保障，抓好县、乡、村三级医疗卫生机构稳定达标，保持乡村医疗卫生机构和人员"空白点"持续动态清零，做实因病致贫返贫风险人群监测预警和精准帮扶机制。

第二节 接续推进脱贫地区乡村振兴

在脱贫攻坚的任务完成后，探索解决相对贫困问题、接续推进脱贫地区乡村全面振兴是摆在我们面前的新问题。

一、巩固拓展脱贫攻坚成果

脱贫攻坚实现了贫困人口与贫困地区的静态脱贫，但从长期动态来看，这一成果仍不稳固，因此，要将乡村振兴"扶上马，送一程"，同时也要注意乡村振兴不能摆脱脱贫攻坚已经奠定的基础而"另起炉灶"。❶ 需要从兜底保障、扶志扶智、搬迁后续帮扶等薄弱环节入手对已有脱贫攻坚成果进行巩固与加强。

推进乡村振兴要把巩固拓展脱贫攻坚成果摆在首要位置，守住不发生规模性返贫的底线。在继续巩固脱贫攻坚成果的同时，应采用有效的方法和措施。具体来说，要确保基础设施建设的有效衔接和优化升级；要确保公共服务保障水平的衔接和不断提升；要确保产业发展举措的衔接和加快构建现代农业体系；确保环境治理措施的衔接和探索适合地方实际、各具地方特色的人居环境治理方式，建设生态乡村。

二、推动脱贫地区特色产业发展

推进乡村振兴关键是要产业振兴。脱贫攻坚任务完成后，为不断巩固拓展脱贫攻坚成果，建立、健全解决相对贫困的长效机制，从而尽快实现乡村振兴，必须把产业振兴摆在重要位置。要支持脱贫地区找准、发展和壮大乡村特色产业，加快形成具有市场竞争力的优势特色产业体系。要继续推进第

---

❶ 卢黎歌，武星星. 后扶贫时期推进脱贫攻坚与乡村振兴有机衔接的学理阐释 [J]. 当代世界与社会主义，2020（2）：89－96.

一、第二、第三产业融合发展，提升生产经营组织化程度，加强资源要素支撑，支持脱贫地区培育绿色、有机、地理标志农产品，提升产业层次。

三、持续改善脱贫地区基础设施条件和公共服务水平

巩固拓展脱贫攻坚成果与乡村振兴有效衔接，要继续加大对脱贫地区基础设施建设的支持力度。要支持脱贫地区因地制宜推进村庄风貌的整体综合改善，构建县、乡、村三级物流体系，引入智能化、数字化的基础设施，使得贫困地区的基础设施不断丰富与便利。同时，要缩小城市与农村之间基本公共服务的差距，统筹推进公共服务更加均等化与公平化。继续提高义务教育办学条件的质量，建设与完善贫困地区中小学义务教育学校的规模与宿舍条件，通过硬件设施的不断完善来保障农村贫困地区学生的学习环境。完善大病专项救治政策。继续实施农村危房改造。继续建设与改善脱贫地区村级综合服务设施，提升为农民服务的水准与能力。

四、做好易地扶贫搬迁后续扶持工作

作为脱贫攻坚战的标志性工程，易地扶贫搬迁建设任务的全面完成是具有里程碑意义的巨大成就。巩固拓展脱贫攻坚成果与乡村振兴有效衔接，一要突出抓好就业帮扶，切实组织好外出务工，加快发展产业园区扩大就地就业容量，盘活、用好迁出地农业农村资源，加强社会保障兜底。二要着力提升安置区配套基础设施和公共服务水平，全面开展易地扶贫搬迁"回头看"。三要把促进搬迁群众完全融入安置区社会作为重要工作目标，落实属地管理责任，提供一体化均等化服务保障，推动新老居民融合交往。

第三节　加强农村低收入人口常态化帮扶

相对贫困产生的一个重要原因是贫富差距拉大。相关数据显示，中国城乡居民人均可支配收入比在持续下降，从 2004 年的峰值 3.45 倍下降到 2018 年的 2.69 倍，但收入差距绝对值仍在继续拉大。如 2009 年农村居民人均可支配收入为 2210 元、城镇居民人均可支配收入为 5854 元，两者相差 3644 元；2018 年农村居民人均可支配收入为 14617 元、城镇居民人均可支配收入为 39251 元，绝对值扩大到 24634 元。如果考虑到社会福利等隐性收入方面的区别，城乡间的收入差距就更大。可见，单从收入维度来观察，中国缓解相对贫困问题任重而道远。[1] 巩固拓展脱贫攻坚成果与乡村振兴有效衔接，要加强动态监测，做到早发现、早帮扶。

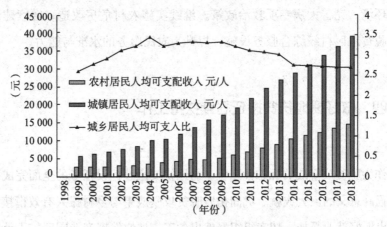

图 3.1　城乡局面人均可支配收入对比[2]

---

[1] 高强，孔祥智. 论相对贫困的内涵、特点难点及应对之策 [J]. 新疆师范大学学报（哲学社会科学版），2020（3）：120 - 128.

[2] 高强，孔祥智. 论相对贫困的内涵、特点难点及应对之策 [J]. 新疆师范大学学报（哲学社会科学版），2020（3）：120 - 128.

一、加强农村低收入人口监测，实行分层分类帮扶

巩固拓展脱贫攻坚成果与乡村振兴有效衔接，要定期核查农村低收入人口并适时动态调整相应机制。从劳动能力的视角看，农村低收入人口可分为有劳动能力的农村低收入人口与丧失劳动能力或无劳动能力的农村低收入人口。对于有劳动能力的农村低收入人口，采取的措施是开发式帮扶模式，帮助有劳动能力的人提高自身的生产能力素质，在生产就业中，依靠自己的双手勤劳发家致富。对贫困地区中丧失劳动能力或无劳动能力的人来说，按照困难的程度给予专项救助或临时救助，并纳入救助供养的范畴之内，由社会保障兜底，由国家"买单"，乡村振兴的路上党和政府不会放弃任何一位人民。

推进乡村振兴要完善最低生活保障制度，推动低保制度城乡统筹发展，对于推进乡村振兴，逐步缩小城乡差距，维护社会公平具有重要意义。建立健全失地农民的生活保障制度，设立失地农民社会保障基金，用于退休养老、医疗门诊、最低生活保障、义务教育等方面的支出。织密兜牢丧失劳动能力人口基本生活保障底线，针对脱贫人口中完全丧失劳动能力、部分丧失劳动能力等不能通过就业获得生活保障的人群，要及时核实情况并尽快纳入到农村低保或特困人员救助供养的范围之中，通过实际走访划分清楚困难类型程度，及时开展临时救助、专项救助等，充分践行"脱贫路上不掉队"的基本理念。

二、合理确定农村医疗保障待遇水平

巩固拓展脱贫攻坚成果与乡村振兴的有效衔接，要合理明晰贫困地区医疗保障的待遇和水平，基本保准是最低限度，统筹发挥三重保障制度综合减负的功能，即基本医疗保险、大病保险、医疗救助相统一，使得人人能够病有所医，能治病，治得起病。过渡期内逐步调整脱贫人口资助政策，完善城乡居民基本医疗保险参保个人缴费资助政策，对于农村特困人员要给予全额资助，低保人员要定额资助，特殊情况也可以全额资助。

三、完善养老保障和儿童关爱服务

巩固拓展脱贫攻坚成果与乡村振兴有效衔接，要完善城乡居民基本养老保险费代缴政策。强化县乡两级养老机构对老年人口的兜底保障，加大对儿童的关爱服务力度，加强残疾人托养照护、康复服务。

第四章 壮大乡村产业
培育农业现代化新动能

近年来，在国际国内环境的双重影响下，我国农业形势依然比较复杂。在多重不利困境中，如何实现乡村产业兴旺已经成为困扰各地推进乡村振兴的难题。● 破解乡村产业振兴重点难点问题，培育农业现代化新动能需要深化农业供给侧结构性改革，利用好生态资源优势，拓展土地、特色资源等市场价值，发展智慧农业和电子商务，构建农业现代化组织体系。

第一节　夯实现代农业生产能力基础

现代农业的一个重要标志是技术进步，另一个重要标志是形成一套现代农业组织体系和从实际出发、能效较高、对农业进行支持保护的体系。推进乡村振兴要夯实现代农业生产能力基础。

● 温铁军，杨洲，张俊娜. 乡村振兴战略中产业兴旺的实现方式 [J]. 行政管理改革，2018（8）：26–32.

一、健全粮食安全保障机制

粮食生产是农业的基础。粮食安全是关系国计民生的国家重大战略。粮食安全是实施乡村振兴战略的首要任务。

粮食稳，天下稳。面对百年未有之大变局，粮食安全问题不单是一个经济问题，同时也是一个政治问题。保障粮食安全，有利于社会稳定和谐，有利于保证国民经济持续、快速、健康发展，有利于农民增收。进入新发展阶段，推进乡村振兴，稳定发展粮食生产，要坚持"一个根本"，就是建全保障粮食生产的长效机制。

为此，要处理好以下"三个关系"。一是政府调控与市场取向的关系。一手抓市场的基础性作用，一手抓政府的支持保护和宏观调控，处理好国家要保障粮食安全、地方政府要保障财政收入、农民要保障种粮效益的关系；二是粮食供给总量与生产能力的关系。供给总量必须保持在相对稳定的范围内，处理好主产区和主销区关系，决不能因个别年份的丰歉而单纯强调压粮或扩粮；三是粮食安全与农业结构调整和农民增收的关系。实现粮食安全和农民增收的目标，不能重蹈前几年结构调整片面强调"压粮扩经"的覆辙。

另外，要抓好以下"七个关键"。一是调动和保护农民种粮积极性；二是切实保护耕地，加强粮食综合生产能力建设；三是依靠科技进步，推进粮食增长方式的转变；四是延伸产业链条，提高粮食附加值，增强粮食产业的市场竞争力；五是完善粮食储备体系；六是规范市场预警体系。建立和规范灵敏、准确的粮食预警体系，是粮食市场和社会保持稳定的重要保障；七是健全粮食流通监督检查行政执法体系，大力开展粮食执法。

二、坚决守住 18 亿亩耕地红线

土地是财富之母，是粮食生产之根基，也是人类主要社会经济活动的空间载体。[①] 守住 18 亿亩耕地的重要性不言而喻，关涉国家粮食安全，涵盖着社会安全、生态安全和经济安全。有学者将中国土地整治划分为数量潜力挖掘阶段、数量与质量并重阶段、关注生态功能，实现城乡价值最大化阶段三个阶段。由此可见，不同的社会经济发展阶段对土地利用形态格局的要求有所不同，乡村转型发展促使土地利用主体通过土地整治工程等手段优化土地利用形态，土地利用形态的转变反过来又作用于乡村的转型发展与振兴。[②] 进入新发展阶段，推进乡村振兴，必须深入实施藏粮于地、藏粮于技战略，严守耕地红线，确保国家粮食安全，把中国人的饭碗牢牢端在自己手中。一方面，切实保护耕地特别是保护好基本农田。一是总量不能减少。要千方百计保住全国现有的 18 亿亩耕地，这是保障国家粮食安全的"底线"，也是"红线"。二是用途不能改变。基本农田必须用于农作物生产，严格禁止从事其他毁坏耕作层的活动。另一方面，严格执行土地管理法律法规。一是要严格依照法定的权限审批土地，严肃查处各种土地违法违规行为，强化对土地执法行为的监督。二是要加强土地规划管理和用途管制。三是要充分运用价格机制调控用地，严格区分公益性和经营性用地，经营性用地价格由市场来决定，实行招拍挂。

---

❶　龙花楼. 论土地整治与乡村空间重构 [J]. 地理学报，2013，68 (8)：1019 – 1028.
❷　龙花楼，屠爽爽. 土地利用转型与乡村振兴 [J]. 中国土地科学，2018，32 (7)：1 – 6.

三、加强农业基础设施建设

农业基础设施是农业生产的"硬件"保障，在农村、农业生产中占据重要地位。从农业生产的维度看，农业基础设施是物质技术条件；从社会总产品扩大再生产的维度看，农业基础设施提供了物质保障；农业基础设施作为促使农业和农村得以发展的有机条件，在一定意义上，农业基础设施的现代化程度决定了农业的现代化程度与进度。因此，进入新发展阶段，推动乡村全面振兴，要从建立完善的农业基础设施体系着手，打破农业基础设施长期落后薄弱的局面，进一步提高农业的综合生产能力。

推进农田水利建设。从抗旱防汛的层面，对于大型灌区水利相关设施进行更新与改造，与此同时，推进相关的配套工作同步推进，做好河道整治，防止堵塞、大水漫灌等情况的发生。在农民的层面，一方面，通过宣传教育等方式，让农民了解小型农田水利工程的优势，引导农民转变思维；另一方面，通过创新奖励、补贴、补助等方式，吸引农民建设使用小型农田水利工程。在建设与管理的层面，要统筹农田水利工程的整体建设与管理，在旱区，可采用雨水集蓄利用的方式；在涝区，健全排洪泄洪的通道，因时因地处理好雨水积蓄与排泄的问题。在体制机制的层面，明确建设主体的责任，探索改革小型农田水利工程产权制度，创新非经营性水利工程管理体制等。

抢修加固病险水库。水库承担着一个地区水量的存放任务，缺时即放，足时即存的优势使得一个地区的水量可以保持相对平衡与充盈。但是现实中农村地区一些水库由于时岁长久等各种原因存在病险。因此，一方面，要加大资金投入与人力投入，对病险水库进行抢修保修，尤其是大中型水库，承担着一片地区的存水蓄水重任，倘若出现问题，危及当地生产生活的同时，自身建设也需更多的财力、人力、物力，从这个意义上看，大中型水库的除险加固就非常具有迫切性。另一方面，要推进中小型水源工程的建设，让中小型水源分担大中型水库的任务，使得需求不再集中于个别的大中型水库，当供给大于需求的时候，此问题会迎刃而解。此外，在广大山区要注重防范山洪等自然灾害，建立健全预警预报系统，做好地质评估工作，设立临时雨量最佳观测点，及时提醒预警以做到治标；大力植树种草造林，提高生态质量以做到治本，标本兼治才能达到降低自然灾害发生的可能性。

大力发展节水灌溉。推进大型灌区节水改造，采用低压灌溉、渠道防渗、微灌、喷灌等灌溉措施，旨在以最低限度的水量，最大限度提高单位灌溉水量的农业产值。对于重点涝区要进行治理，扩大大型灌溉排水泵站技术改造的规模，拓展大型灌溉排水泵站技术的适应范围。推广节水灌溉模范区与示范经验，让农民见识到节水灌溉的便利与益处，引导农民树立节水意识，鼓励农民主动采用节水技术。

将机械化注入农业全过程。为了经济效益、社会效益与生态效益的同步发展，必须将先进的农业机械投入农业的全过程，在改善农业生产方式与经营条件的同时，加快农业的现代化进程。推进农业基本设施的机械化，能够缓解农民的劳动强度，减轻农民的劳动负担，最重要的是增加了农业单位面积产量，这就是所谓的"干最少的活，出最少的力，得最大的收益"。推进农、林、渔、副、牧等产业的机械化，及时运用新技术，增强产业生产过程中的科学性与现代化。推进产品储存、运输、加工等环节的机械化，构建种植—存储—运输—加工—销售一体化链条，使得农产品还未"出生"就已"售卖"，保障农民的生产意愿与生产积极性。加大对于农业机械化税费的优惠政策，比如免征田间作业的农具税费，甚至购买大型农具加以补贴，免征大型农具机械车跨区域作业的通行费等，使得大型机械能够就近转移地区，分享利用，提高机械的利用率。

以市场为主，积极探索多种筹资方式。加强农业基础设施建设，关键要解决投入问题，长期以来，农业基础设施投资主体一直由政府、集体承担，但政府、集体的投资力度也相对有限。坚持以市场导向推进产业兴旺，加快农业供给侧结构性改革，建立政府、市场、行业组织"三位一体"的产业发展治理结构，处理好政府引导和市场导向的关系，充分发挥市场作用。

第二节　加快农业转型升级

艾尔泽·厄延提出："经济增长的一种结果，不如说是目标，仍然是收入分配差距的加大。经济增长使部分人口获得了好处，但同时无论从绝对意义上还是从相对意义上看，它也加剧了贫困的程度。"[1] 中国的减贫经验在于，一方面采取了有利于贫困人口的经济增长模式，另一方面持续推动农业转型升级，再者，用超常规手段打破结构性贫困。[2] 必须推进农业供给侧结构性改革，延长产业链，增加产业附加值，推动农业发展由"增产"向"提质"转变，不断提高农业发展的质量和效益。

一、转变农业发展方式，发展优质化农业

推进农业现代化，转变农业发展方式是关键，在提高农产品品质安全和品控的同时，市场竞争能力的提升就是必然。一是优化与创新农产品的

---

[1] 艾尔泽·厄延. 减少贫困的政治 [J]. 国际社会科学杂志, 2000 (4): 45.
[2] 李小云. 中国减贫的实践与经验: 政府作用的有效发挥 [J]. 财经问题研究, 2020 (9): 15 – 16.

品种，提高农产品的品质，确保农产品的安全优质高产，在此基础上，继续开发绿色纯天然无公害的优良农产品。二是发展资源节约型农业，通过最少的资源消耗取得最大的社会效益与经济效益，本质是为了提高农业资源的利用效率。一方面，提高优化节约型农业的合理结构，根据农、林、牧、副、渔等子系统中的资源条件进行设置，如林业领域采取"速生—木本粮油—立体型"，农业领域的"节地—节时—节水"等。另一方面，升级农业生产经营方式，农业生产要保持良性循环发展的态势，将农业生态破坏与农村环境污染等问题扼杀在摇篮中。三是发挥企业的优势，构建企业与农民的利益帮扶—联结机制，确保生产与销售之间的良性循环，提高农业产业化经营水平。

二、调整农业产业结构，发挥农业多功能性

现在世界各国通常把产业划分为三大类：第一产业、第二产业和第三产业，其中，以农业为主的第一产业是基础，以制造业为主的第二产业是龙头，以商业、金融、通讯等服务业为主的第三产业是一个国家发达与否的重要标志，第一产业的基础性地位决不能动摇。只有加快现代农业结构调整，立好三根产业柱子，乡村振兴才能稳步推进。

改革开放以来，我国的农业结构发生了可喜的变化，这种变化体现在以下三个方面。一是种植业单一结构状况有所改善。种植业比重下降，林、牧、渔业比重明显上升；二是农业区域布局发生变化。长期来的"大而全、小而全"的生产格局开始打破，主要农产品逐步向优势产区集中，农业区域化、专业化分工的趋势已逐步明显；三是第二、第三产业有了一定的发展，为改善农业产业结构、转移劳动力起到了极大的作用，特别是乡镇企业中的农产品加工企业，为提升农产品的价值方面作出了较大的贡

献。应该说，农业结构的变化，为农村经济带来了增长的活力，也为农业产业化、市场化创造了较好的条件。但是，由于我国是个农业大国，农业结构存在的问题是一个历史积累的问题，尽管不断调整，仍然很难适应整个国家经济发展的要求。目前我国农业结构存在的问题主要是种植业比重仍然偏高而下降速度缓慢；林、牧、渔副业比重偏低且增长缓慢；区域布局不合理；农村第二、第三产业，特别农产品加工业发展不充分。

进入新发展阶段，农业产业结构调整的工作重点应放在以下几个方面。要以特色资源为基础，合力调整区域布局。就全国范围而言，各地需以本地特色资源为基础，因地制宜，生产各具资源特色的农产品，以便形成各具特色的农业区域格局。要以市场为导向，打造支柱产业，推进农业区域化进程。各地在各具特色的区域内，明确自身的主导产品，以市场为导向来建设生产基地，培育品牌，以便打造支柱产业，推进农业区域化，构建各具特色的优势农产品产业带。要立足自然资源优势和现有生产基础，尽快形成特色农业产业体系。

以市场为导向，大力推进农产品优质化。提高农产品市场化水平，关键是生产优质农产品，提高农产品竞争力，走"特色发展"之路。要以市场为导向，适应市场变化，依托本地资源优势、传统优势和技术人才优势等，创造一批区域特色明显的种、养、加工基地，培养一批特色产业群、产业带。

适度扩大经营规模，着力构建农村第一、第二、第三产业融合发展体系。规模决定效益，效益体现规模。在逐步推进农村社会保障扩大覆盖面的过程中，依法有序地促进土地使用权的流转，形成适度的经营规模，从而从根本上提高农业劳动生产率。改变单个农民作为市场主体在竞争中被动的弱势地位，建立产业合作协会、农民合作协会等农村合作经济组织，提高农民组织化程度，延长农业产业链、提升价值链、完善利益链，采用股份合作、利润返还等多种方式，让农民合理享受各种增值收益，增加农民收入。

三、发展龙头企业，壮大特色优势产业

推进乡村振兴，要大力发展龙头企业，深入推进农业绿色化、优质化、特色化、品牌化，发展壮大特色优势产业。

农业经营规模小是影响我国农业劳动生产率提高和农户进入市场的障碍之一。解决这一问题的有效途径便是走农业产业化经营道路。实践表明，全面实施农业产业化战略的关键是大力建设一批具有地方特色的农业产业化龙头企业。龙头企业采取"公司＋农户"的运作模式，严格实行产供销一条龙服务。这样的运作模式把企业与农户密切联系在一起，有利于整合各种资源、技术、劳力、土地、信息等要素，共同发展某一产业，同时带动和促进了其他相关产业的发展，也能解决当地部分劳动力就业问题。

从我国一些地方的实践来看，能真正实现农业产业化的龙头企业应该具备以下三个条件。一是能够直接从事农产品生产、加工、经销，并具有一定规模的经济实力；二是能够一头联结国内外市场，实现农产品的有效流通，另一头联结千家万户，直接为农户提供服务；三是企业与农户有比较稳定的产销关系，与农户结成比较紧密的利益共同体。进入新发展阶段，按照生产规模和发展需要来规划布局农业龙头企业，把农业龙头企业建设作为发展农业产业化的重要抓手，突显龙头企业大（规模）、高（水平）、外（向型）、强（带动、辐射）特点，以打造特色优质品牌，加快促进其发展、壮大、强劲。

在思想认识上，须提高认识，将培育壮大龙头企业摆在农业产业结构调整中的重要位置。应把农业龙头企业建设当作一项可持续发展的强势产业来看待，当作最有发展前景和生机的后续产业来扶持。做到思想到位、

政策到位、资金到位、服务到位。

在行动上，须找准地方"特色"，充分发挥比较优势。结合地方特色打造龙头企业，必须要找准自己地方的"特色"，发展"特色经济"。所谓"特色"，一定要展现本地区的特长和个性，扬长避短，发挥比较优势。可是，一些地方的视野不开阔，信息不畅通，并没有真正选准"特色"的定位。有的地方不搞市场调查，不认真进行论证，就把自己的产业定为"特色经济"；或者看着别人搞什么赚钱，也跟着后面盲目调整结构，确立为本地区的"特色经济"。这样的"特色经济"没有特色，只能是旧产业的延续，各地之间的互相模仿。"特色"只有选准才能产生经济效益。

在战略上，须大力实施农业标准化战略，加强产品质量体系建设。当前，我国很多农产品企业面临的难题之一就是打入国际市场比较困难。最迫切的解决措施就是提高农产品的标准，将其与国际市场接轨甚至超越其制定的标准，这对农产品的品质品控提出了高标准严要求。扩展纯天然无公害农产品生产基地的规模，打造农业科技示范区，建立安全、优质、出口创汇农产品基地。对标国外农产品标准，构建符合国际规则与安全标准的生产体系，同时构建与之配适的质量监管机制，确保农产品的高标准优品质。打造农产品知名品牌，龙头企业要着重品牌创新，中小型企业要着重提高自身产业化标准与水平，争取实现多元品牌走出国门、走向世界。

在政策上，须制订优惠政策，为龙头企业发展创造宽松的环境。从融资的角度，要帮助企业拓宽融资的渠道。政府肩负着对企业信用的评估与监督重任，企业要想长久，最重要的就是诚信，企业应该自觉遵纪守法守信，符合企业融资的标准。开展招商引资，发挥产品特色优势吸引投资主体，采取委托经营、股份制、兼并联合、外资嫁接、股份合作制等多元化方式，推进资金筹措的市场化。为解决企业贷款难、担保难等问题，建立相关信用担保机构以降低金融机构的借贷风险。从政策的角度，国家对于涉及农业产业化、环境友好型等重点企业提供政策支持，鼓励企业的健康发展。如优先考虑农产品加工企业的用地问题，为其建立发展提供便利支持。从人才的角度，人才是发展的推动力量。要引进农业专业型复合人才，通过相关奖励激励政策，吸引专业型人才；对于已有的农业科技人员，要鼓励激发他们的积极性与创造性，从物质和精神激励的层面加以创新，科技型人才深入企业、深入农村，在实践中带头将示范基地搞活、搞好。从宣传的角度，适时修订完善相关宣传政策，创新性地利用互联网、新媒体、直播等方式推动农产品走出去。随着互联网的兴起，各种形式的宣传五花八门，其中直播、微视频正日益扩大其影响力。如微博博主"李子柒"，通过拍视频的方式向世界展现中国农村的田园风光，拿到了"Youtube 中文频道最多订阅量"的吉尼斯世界纪录，在国内外吸粉无数，进而产生了个人品牌效应，个人品牌"李子柒"的螺蛳粉、藕粉等各种食品成为国内外粉丝青睐的东方美食。网红李子柒的案例对于我国的农业龙头企业等同样具有启示意义，在互联网时代我们不能仅拘泥于过去的电视广告，还要集中发挥互联网效应，通过互联网的传播效应将我国的特色优质品牌推向世界各地。

四、助推农业"走出去"，提升国际竞争力

推进农业现代化必须鼓励农民积极扩大经营范围，积极主动抓住两个市场，利用两种资源，不断提升我国农业国际竞争力。

以市场为基本导向，调整与优化农业产业结构，利用资源、产业等优势推进区域优势发展。进入新发展阶段，伴随着农产品供求关系的调整与变化，意味着农业的发展要跟上市场的"节奏"，在整顿生产结构的同时兼顾农业生产的总体布局。由于各地区的实际情况各不相同，因此，各地要集思广益，发挥所长，有效利用好区位优势。在明确市场目标与市场需

求的前提下，发挥特色产业，建立优势产区，推广优势农产品，将质量与数量提高到最优的水平。如中西部地区，利用雨水、日照、土壤、地形天然优势，接受大自然的馈赠，生产有机产品类的高价值、高品质农产品。东部沿海地区利用技术、资金、位置等外在优势，可以提供附加值较高的农产品加工与出口等。要将辩证思维、辩证方法贯穿区域优势发展的始终。要遵循自然规律、社会规律与经济规律三者统一的大前提，既注重经济效益与社会效益，又要保持自然生态的平衡与稳定。在当地供应与市场需求方面，要做好事先评估与分析定量，根据当地实际的物质资源、人力资源、财力资源等各种资源的情况，判定市场的活力与内在的发展潜力，处理好当地与市场之间的供需问题，以防出现"供过于求"与"供不应求""粥少僧多"等现象。要充分尊重广大农民的意愿，从农民的利益出发是一切工作的根本基点。农民的满意与否、农民的答应与否直接关系着政策的制定与落实的成效。基于此，各地领导在做决策时，在统筹部署全局的同时，还要秉持具体矛盾、具体分析的原则，通过一地一策方式，精确决策、精准施策，鼓励发展极具产业优势的农村示范区与先行区，通过模范先行区带动其他地域的发展，最终实现全国性乃至全球性的农业产业发展。

通过制度体制变革，构建农村社区合作组织，发展农业规模经济。制度体制的改革是伴随着时代产生的必然，是时代的产儿，体现了实时性、渐进性的特点。农村的广大农民是推动制度体制变革的直接推动者与受益者，农民作为农村农业产业的利益主体，国家的"三农"政策体现了农民生产方式的变迁模式，直接影响农民的生活水平，甚至是精神状态。因此，要推动农村新型社区的构建。农村新型社区既不同于城市的小区，又不同于传统农村的行政村，各地因历史、文化、习俗、经济的不同，可以采用灵活性地变通方式进行撤村划并，总体指导原则还是基于农村的地缘、血缘、宗族等基础，尤其要发挥乡绅、村庄德高望重之人的引领作用，以农村体制结构的改变促进农村行政架构的变革。另外，依靠企业集聚带动劳动力转移的方式，从而实现农民的聚居。进行产业区建设，鼓励具有规模的乡镇企业拓厂、集群建厂，打造产区连片的产业园、产业区，这样能将一部分农村劳动力吸引集聚于此，在工作到一定时间的基础上，农村的务工者会将家人带来安置定居于此，他们的医疗、教育、消费、出行等各种需求，又促进了产业园、产业区的医院、学校、商场、交通等的建立与发展。这样又形成了一个良性的循环，建立起新的社区模式，无形中实现了部分农村劳动力的转移与搬迁，从资源循环的角度，在提高土地利用率的同时也提高了农村劳动力的效率，从而最大程度上促进了农村农业生产的经济效益与规模扩大化。

以技术创新为驱动促进农业多元化、技术化与标准化发展。农业技术的发展与创新在整个农业结构中占据重要地位，技术的进步直接关系到农业的规模、农产品的质量、农民的收入、农活的水平。农业技术水平低，付出的劳动力多，取得的劳动收益却少；反之，农业技术程度高，付出的人力劳动减少，劳动品质却提高，农民的收益反而增多。积极引进新型农业技术，提升农业的技术水平与科技含量，其中包括创新研发新模式、引进国外新科技、推广新技术、选培开发新品种等。实现农产品自身的转化与升级，促进农产品的"身价"增值。利用食品厂、木材厂等机械化便利，对农产品进行深加工、细加工与精加工，增加农产品的科技含量，提高农产品的附加值，实现农产品—半成品—成品之间的有效转化，实现种植—加工—销售的一体化有效衔接。保证农产品产业链条的连续性。从产业链条结构来看，农产品的加工业拓展和延长了农业领域的整个产业线。农产品加工业的发展，对于农业生产分工要求更加专业化与技术化，一方面促进了农产品原料的价值增值，另一方面也拓展了农村的交通运输、冷藏存储、产品销售、出口贸易等关联业务，有利于解决农村剩余劳动力无处施展的难题，有利于降低农产品的耗能成本与提高农产品转移价值的增值。农业产业组织化能够为农产品加工把关定向。经济全球化浪潮下，现代化的冲击对于我国农村地区体现为影响的双重性：一方面，冲破了农村的传统产业结构，农村一定意义上被动"前进"的状态；另一方面，也促使农村产业的组织化大型化集体化趋势。因此，推进同类型农产品加工企业的兼并、重组、联合，架构起小型—中型—大型企业联合系统，组成各层级企业有序分工的产业组织结构，有利于农业的标准化、有序化生产加工，实现农产品加工业的良性循环与接续发展。

第三节　建立现代农业经营体系

从世界范围看，农业占 GDP 比例的下降并不必然带来乡村衰落，关于城乡结构的变动与城乡居民的布局，没有成型的国际经验可以完全参照。❶在全球范围内，乡村的衰落源于产业分割条件下农业多功能性及其价值的丧失。❷因此，按照新发展阶段中国社会主要矛盾的界定，当前最不平衡的问题是城乡发展的不平衡，最不充分的问题是农业农村发展的不充分。❸这种不平衡和不充分的现实是在发展进程中面临的多重现实问题的总根源。因此，要建构与完善具有中国特色的现代农业经营体系。在新发展阶段，全面推进乡村振兴，在农业中占据基础性重要地位的是家庭经营，在继续扩大家庭经营规模基础之上，还要拓展多元化经营模式，构建新型的农业经营体系，具体包括家庭经营、合作经营、企业经营、集体经营、混

---

❶ 陈锡文. 乡村振兴是关系中国全面发展并最终建成现代化强国的大事 [J]. 中国农业文摘—农业工程, 2018, 30 (1)：5-7.

❷ 周立，李彦岩，王彩虹，等. 乡村振兴战略中的产业融合和六次产业发展 [J]. 新疆师范大学学报（哲学社会科学版），2018 (3)：1-9.

❸ 韩长赋. 大力实施乡村振兴战略 [J]. 中国农技推广, 2017, 33 (12)：69-71.

合经营等协同发展。多种经营模式并存发展，有利于进一步提升我国农业生产、农业经营的组织化与集约化水准，农村集体经济的发展有利于推动分散小农经济，实现农村经济的集体壮大，实现农民的增收创益，旨在将农民的幸福感与获得感落在实处。

一、巩固和完善农村基本经营制度

土地制度是农村的基础制度。目前，全国土地流转比例已经达到 40% 以上，江浙一带经济发达的市县已经达到 80%，甚至 90% 以上。进一步保护土地经营权人的合法权益、保证经营权的稳定性是农村土地制度改革的重要方向，对农业、农村现代化具有重大意义。❶ 在乡村振兴中，要落实农村土地承包关系稳定并长久不变政策，让农民吃上长效"定心丸"。

从某种意义上说，中国的改革开放是从农村联产承包开始的，联产承包是在社会主义制度下土地集体所有制基础上实行的制度变革，应该说，是一个具有历史意义的土地制度变革。

第一，以家庭承包经营为基础、统分结合的双层经营体制是人民的选择、历史的选择，由我国国情决定，是与社会主义初级阶段生产力水平相适应的农村基本经营制度。家庭承包经营是农村政策的基石，也是国家粮食安全的根基，动摇不得。经过多年的发展，以家庭经营为主体，农业产业化组织、农机服务组织、专业合作社、农场等多种形式共同发展的农业经营机制已经逐步形成。

第二，创新农业经营体制机制，转变农业经营方式。中国农村改革的

---

❶ 孔祥智. 乡村振兴："十三五"进展及"十四五"重点任务 [J]. 人民论坛，2020 (31)：39－41.

过程中，取得的重要经验之一就是由亿万中国农民创造出的农村基本经营制度，即以家庭承包经营为基础，统分结合，这是与中国特色社会主义市场经济体制相适应的双层经营制度，与中国农业生产的特征相契合。因此，要创新农业经营体制机制，确保中国共产党在广大农村政策的奠基稳如磐石。必须承认的是，当前农村地区还存在一些问题尚未解决，有待进一步去处理。如农业扩大再生产能力相对薄弱，农业产业的组织化程度相对处于比较低的水平，农户的经营规模相对分散且较小，扩大进程有主客观因素的难度，农村土地流转机制的不健全导致农民的纠纷，等等，这些问题都阻碍着农业现代化的前进脚步。因此，创新农业经营体制机制就具有紧迫性。

第三，打造与推广农民专业合作社，秉持服务农民、权利平等、民主管理、自由进退的基本原则与要求，充分尊重农民的主体意愿与主体地位。专业合作经济组织最能吸引农民加入的重要特质：一方面没有改变农民的家庭经营格局、土地承包关系等本质性的上层建筑；另一方面通过合作服务实现加入专业合作社的农户扩大农产品经营规模，并且能够获得比自己单干还多的规模经营效益，可谓"一举多得"。国家相关政策可以加以倾斜、扶持以农产品生产专业户为主体的农民专业合作组织，因为此类合作组织是以农产品生产专业户为主导的，实质还是落在扶持农业与扶助农民的层面。一要宣传、普及专业合作社的相关知识，委派人员以下乡宣讲、放映电影、演出等各种形式，向农民介绍多种形式的合作经济组织的基本架构与基本优势，提高农民对于专业合作组织的认知与了解，增强农民积极主动参与加入的意愿。二要大力建立健全促进用政策制度来实际保障各类农村组织的有序运转。为各类农业社会化服务组织、农民专业合作经济组织以及产业化龙头企业给予资金支持与人员指导、监督监管等，为各类农业农民相关组织的发展给予社会氛围与生态环境的保障，完善指导、扶持相关机制，不断发挥各类农业农村组织的经营生产能力。三要正确把握农民与合作经济组织之间的弹性张力，因为二者之间是有个合适的"量度"存在的，不能过紧也不能过松。但最为本质的是以农民的根本利益为首要原则，充分尊重农民的主体意愿与主体地位，将合作经济组织的运行运转更加规范化与专业化，为农民的经济利益与社会收益兜底。

二、提升农民合作经济组织规范化水平

在乡村振兴中，我国目前有两亿多的小农户，这也体现了"大国小农"的历史沿袭，承载着中国农村的"乡愁"。在新发展阶段的一个重大历史课题就是推进小农户与农业现代化发展的有效衔接。一是要从观念上打破对于小农户农业的刻板印象，小农户曾经是保守落后的代名词，演化为一个贬义词。中国人多地少的基本现状，决定了小农户农业在之前与今后很长一段时间存续的必然性，要正确认识和把握我国小农发展的重要意义与普遍规律。二是要在实践中预防小农户面临的潜在危机，有效化解存在的矛盾。国家安全的战略底线与红线就是中国人的饭碗问题，因此，要将小农生产和现代农业发展并轨并使二者有机衔接。如为了帮扶小农户节约成本、提升效益，可以通过培育各种有针对性的专业化服务组织，将社会化服务贯穿于农业生产全过程中；通过多样化的组织联合、合作，提升小农户的组织化与系统化，推动向社会化分工与专业化协作的转型升级。

目前，已有超过 220 万家全国农民合作社，成员多达 6 682.8 万，❶ 这些农民合作社的发展态势正呈现欣欣向荣的前景，对于全国范围的农村地区来说，树立了典型示范的标杆。从客观上看，进入新发展阶段的时代要求对促进农民合作经济组织提出了现实的需求。农民合作经济组织有利于

---

❶ 韩俊. 把农民合作社办得更加红火 [N]. 人民日报，2020－08－11（09）.

提升农民进入市场的竞争能力，有利于促进农民的经济效益与社会效益的双丰收，有利于促进农业的整体化素质，有利于助推农村经营体制的创新与农业社会化服务体系的完善。

提升农业合作组织规范化水平须注重以下四个方面。第一，发展农民合作经济组织。发展农民合作经济组织必要的也是首要的是结合中国农村当前的实际情况来判断是否发展、发展到什么层面和程度。中国绝对贫困的消灭一方面意味着我国的脱贫攻坚取得了胜利，另一方面也意味着存在少量相对贫困问题。在一些农村地区，由于自然条件的恶劣，加之社会条件的落后，很大程度上阻碍着农业生产的专业化与市场化的推行。此外，有的农村地区出现"空巢老人""留守儿童"居多以及青年劳动力外流的现象，加之教育水平有限，村庄中存在少量文盲或半文盲的情况，这些都是拉低整个村庄文化水平、新型农业观念的原因。因此，要通过教育方式改变、提升农民的思想观念，帮助他们树立农业现代化的认知，普及农业技术的知识学习，摒弃传统"日出而作，日落而息"的纯手工劳动方式。另外，要践行"先富带后富，最终共同富"的思想原则。发挥农村中先富起来的专业大户，他们是先富的"关键少数"，这批先富起来的人要树立公共意识与集体意识，深刻认识到"自己富不是真的富，大家富才是真的富"，将自身的格局打开，将集体富裕上升为使命的高度。如有的地区就实行先富起来的农民兴办农民合作经济组织，吸引广大农民的加入与参与，通过组织内的成员自我服务、自我发展、自我管理等自觉，实现大家的共同创富。当然，在农民合作经济组织的运行过程中，难免存在各种各样的矛盾与问题，要在解决处理中吸取教训。

第二，尊重农民的意愿和选择，发展农民合作经济组织要始终把实现好、维护好、发展好广大农民根本利益作为一切工作的出发点和落脚点。发展农民合作经济组织必须充分尊重群众的意愿，要与农户之间利益共享、风险共担的经营机制。

第三，以利益联结机制为纽带促进农业产业化经营。农业产业化经营不断发展的关键是要形成一个有效的利益联结机制。目前我国主要农业产业化经营模式中的利益关系形式，一是"公司＋农户经营模式"中的公司、企业等营利性经济实体与农户的利益关系。二是农民合作组织模式中的农村合作经济组织与农户的利益关系。三是股份合作制经济组织与农户的利益关系。为了保护利益联结机制相关主体利益，可采用公平合理的协议方式规定双方的权责利，还可通过协调渠道或中介组织进行相应的监督。

第四，制订对农民专业合作经济组织的扶持政策。农民专业合作经济组织不是公益事业组织，是根据市场需求变动进行自负盈亏的市场主体，承担地的风险较大，地方各级政府要给予税收优惠、财政补贴等政策扶持。需要特别强调的是：不管引导农民组成什么形式的产业化组织，也不管规模有多大，都必须注意做到以下六条。其一，联合体不触动、不影响新型家庭经济，不损害各成员的财产所有权，即经济联合体不是把家庭经济全部并入联合体内，家庭经济可以独立存在，也可以作股份参与；其二，有相对稳定的农业生产经营项目，大多实行以农为主兼营他业的方针；其三，有较稳定的成员，具有一定的组织和经营规模；其四，单独核算、自负盈亏，大部分实行企业化经营；其五，自愿联合，进退自由，不搞强拉硬凑。一个家庭的成员可以分别参加几个不类型的经济联合体；其六，要有一定的联合章程和管理制度。

三、发展新型农村集体经济

党的十九大提出实施乡村振兴战略时，就将"壮大集体经济"作为实施乡村振兴战略的重要内容。随后 2018 年印发的《中共中央国务院关于实施乡村振兴战略的意见》和《乡村振兴战略规划（2018—2022 年)》又进一步提出了"探索农村集体经济新的实现形式和运行机制""发展新型农村集体经济"等政策主张。党的十九届五中全会在"全面推进乡村振兴"部分再次强调"发展新型农村集体经济"，意味着农村集体经济在新时期乡村振兴战略实施中仍将扮演重要角色，发挥重要作用。推进乡村振兴要发展新型农村集体经济，积极探索发展壮大农村集体经济的有效途径，把集体经济这块"蛋糕"做大、做强。

在政策上，加大政策扶持力度，不断提高农村集体经济发展环境。各级党委和政府要深刻认识到农村集体经济对于"三农"问题的重要意义，高度重视发展农村集体经济，给予金融支持、财政补贴、税收优惠等政策支持，引导更多资金、技术等要素向农村流动。要深入推进农村集体产权制度改革，推动农民变股东，发展多种形式的股份合作。

深化农村土地制度改革。这是打开中国当前农村发展的一把钥匙。系统推进集体经营性建设用地入市、农村土地征收、宅基地制度改革试点经验等方面改革，将试行经验在全国范围内拓展开来；健全农村地区的土地利用监管体系，修缮土地管理法，废除其中不符合的、过时的条框，坚持最严格的节约集约用地制度与耕地保护制度等，这对于促进城乡的融合发展与乡村的全面振兴具有重要的实践价值。

加强村集体经济管理。村集体经济组织要制定集体资产保值增值的办法，盘活现在资产，防止资产流失，如建立健全农村资源发包、资产管理、资金管理等"三资管理"一整套规章制度，确保管好资产，保值增值，防止流失。村经济组织须加强村级债权债务清理，对清理出的不良债务要通过多种途径有效化解。

第四节　强化现代农业科技支撑

"科技是第一生产力"这个真理应用在农业的发展上同样千真万确，我国农业现代化的根本出路就在于加快科技进步。乡村振兴战略的实施推动乡村自然资本增值，实现经济效益与生态效益的统一；农业治理现代化则是对农业增产进行有机渗透，更多突出绿色化，二者都通过技术的革新促进农业农村全面发展。❶ 因此，加快推进农业现代化，是推进乡村振兴的必然要求，实施科技兴农战略是推进现代农业发展的题中之意。

一、当前我国农业科技进步的阻滞因素

目前，阻碍我国农业科技前进步伐的主要表现在以下四对关系的矛盾上。第一，农业科技的投入与农业综合产出不成线性正比关系，随着投入的加大，短期内并没有取得农业生产能力的明显提高。第二，农业科技的创新速度与农业综合生产能力稳步提升之间的矛盾。农业科技的创新速度与创新能力决定农业综合生产能力的稳步提升。然而，现实的问题是由于各种因素的作用，农业科技的研究相对滞后，甚至停滞，创新的速度远远不能满足农业科技成果转化的需求，两者之间的"一慢一快"就会加剧矛盾的显现。第三，农业科技在开发资源与利用资源上的高消耗使得生产发展与生态环境"失衡"，不平衡的状态造成自然资本与自然价值的冲突对

---

❶ 文丰安. 乡村振兴战略与农业现代化治理融合发展：价值、内容及展望 [J]. 西南大学学报（社会科学版），2020（4）：38－46，193.

立。第四，农业科技服务体系体制的不健全，在广大农村地区中，尚未建立起农业科技推广的基本模式、管理体系等，体制、机制方面缺少保障作用，使得农业领域的新技术、新方法、新知识、新理念等难以宣传、推广到位。第四，由于农民因文化水平偏低，对农业科技的认可与接纳相对较为困难。这一现象决定了在农业科技的推广过程中，对于广大基层干部提出了比较高的要求，如何宣传好农业科技的作用；如何动员广大农民转变传统小农思维，勇于尝试、接受新的农业科技，树立与时俱进的农业思维，甚至积极去参加培训，发展、成长为"新农人"。基层干部在推广、宣传过程中，切忌"强买强卖"，不要结果导向，一股脑强迫农民接受就万事大吉，要真正使农业科技走进农民，使农民主动接纳，此时就需要发挥宣传、组织、动员、教育、培训、激励等多种举措。

二、加快推动农业科技进步

农业科技的进步与创新是推动现代化的强大动力。在新发展阶段，推动农业科技"更上一层楼"需要对于农业节本增效、农产品市场开拓、农村经济结构的战略性调试、国家的粮食安全、农业的生产安全等提供坚实的强大支撑。

建立健全农业科技投入保障机制，确保农业科技的投入保持在稳定的可控范围以内。不断增加对于农业科研方面的资金投入，因为资金投入成效并不总是在即时的阶段呈现成效，甚至是一个漫长的研发过程，并且需要不断的资金注入。因此，要发挥政府的主导作用，确保农业科技的研发资金，同时吸引社会各方的力量，尤其是相关企业投资、融资，加大对于农业科技研发的投资力度与支持强度，构建政府主导、企业、组织、社会等多元力量支持参与的体系，使得农业科技研发资金链的稳定化。对于资金使用要兼具重点性与灵活性，如涉及攻关计划、重大项目的情况要适时加大投资研发的经费比重，确保在关键时刻"不掉链子"。建立健全农业科技创新体系，改革农业科研方面的体制机制。国家层面的创新具有引领性、指导性的根本作用，因此，最关键的是"盯紧"国家基地的创新能力建设，一方面，对于农业基础研究与农业关键技术的研发是基础与重点；另一方面，也要将信息技术、生物技术、能源技术等高新技术同步推进研究。出台农业科研投入的相关普惠政策。为了吸引、鼓励更多的优秀科研人员、专业人才积极投身农业科技的研究，需要国家在最大限度上给予相关人才的帮助与扶持力度，同时允许社会各方力量对农业科研投入的注资与支持，确保农业科研投入在税收、信贷等方面享受到优惠的政策。

推进农业科技人才工程建设。科技兴农得以落实的根本推动力就是高素质、专业的农业科技队伍，而广大的农业科技人员就是这支队伍的强大"战斗兵"。从理念的维度上看，要充分认识农业专业人才资源对于农业科技创新与进步的重大意义，充分认识农技人才工程建设的重要性和紧迫性，牢固树立人才资源是农村第一资源的观念。要充分认识开发人才资源对于农村地区、对于乡村振兴的价值，科技是第一生产力的支撑基础就是人才是第一资源，科技与人才是相互成就、彼此依存的关系。因此，要注重培养、建立源源不断的专业化与高素质的科技人才队伍服务农村。从实践的维度上看，培养农村科技人才要通过多元化的渠道、开辟多元化的路径。与西方发达国家地区的农村状况相比，我国在农村科技人才方面远远落后西方发达国家，我国人才在农村的"扎根率"并不高，尽管也有一部分专业化、知识化、年轻化的有志青年返乡贡献，但从我国人口总基数、我国青年人口基数来看，这一比重非常低。因此，构建靠得住、留得下的农村科技队伍就具有迫切性与急需性，农业科技队伍的构成人员主要包括科技研发人员、学术带头人、农业领域企业家、农业技术推广人才、专管农业的基层干部、农业科技管理人员、"新农人"等，他们各司其职，集研发、创新、推广、宣传、教育、践行为一体协同推进。从上层建筑的维度上看，农业科技的进步与发展的基本提前是要坚持党的领导，坚定党举旗定向的核心作用，在实践中为农业科技人才队伍各司其职营造有利的社会条件与生态环境。

推动企业成为农业技术创新的参与主体。企业具有的资源优势与资金优势，参与农业科技的创新有利于根据市场化的需要，掌握农业科技创新的重力点，进而提高农业技术创新的能力与效能。与国外的诸多企业相比，我国企业在技术创新方面存在"施展不开拳脚"的窘境。在中美贸易战之前，很多企业对于科研独立研发的自主性意识并不强，也没有科技创新的危机感，因此，之前大多数企业并没有将技术的研究、开发、创新作为企业运转的主要部分，企业就会减少对于相关科研活动的关注与投入。直到中美贸易战，才使得企业幡然醒悟，意识到科技创新的重要作用。在我国农业领域，同样也面临这种转变。在农业技术的应用方面，依然延续传统意义上的"等、靠、要"思想，安于现有技术，因此必须通过农业技术创新来打破故步自封的闭环。一是发挥党的领导作用，深化农业科技领域的机构改革与调整，将一些具有适合与有能力应对市场的农业科技机构，令其入驻企业，投身市场，使其自主经营与自负盈亏，将一部分自由发展权让渡市场。二是改革企业的体制机制，激发企业的创新原动力。让企业加入技术创新的投资体系，在技术创新的决策中，纳入企业的声音，有利于充分听取市场的"声音"，从而推动科技创新的精准化。三是为企业技术创新打造良好的社会氛围，支持民营科技型企业的发展。民营科技型企业在转换企业经营机制方面更加灵活与自主，能够进一步推动产业结构优化与升级。

三、完善农业科技推广体系

农业科学技术源自实践的需要，最终还要归于实践中去，将农业科技投入农业生产中去的关键就是架构起一套完善的农业科技推广体系并有效落地。目前，我国在长期的农业生产中已经建构起了一整套相对完善的农业科技推广体系，形成了覆盖国家、地方、基层的自上而下的推广站，即国家农技推广服务中心—省级农技推广总站—县级农技推广中心—乡镇农技推广站四级站点，实现了行政区域层级的推广站点全覆盖。各级农业科技推广站点根据所处位置，在农业科技推广中发挥着功不可没的作用，包括引进农业先进技术，农业科技的咨询、教育培训，示范区、典型区与先行区的建立等，进一步推动了农业生产和农村地区经济的发展，也在无形中潜移默化地提高了广大农民的劳动素质与文化素质。然而，在一些农村地区的农业发展中，还存在着一些因素阻碍着农业科技的推广与落实进程，如农业科技推广管理体制不健全，有责不担、无人负责的情况时有发生；农业科技推广队伍建设止步不前，人员专业化程度或个人品德方面有待提升，与农民起冲突现象偶有出现；缺少明确的监管机构，导致运行的混乱无章等问题。因此，在新发展阶段，要进一步构建新型农业科技推广体系，完善让农民放心、包农民满意的农业科技推广体系。

科学明确职能分工能够改革农业科技推广机构。按照性质来划分，农业科技推广机构包括经营性农业科技推广机构与公益性农业科技推广机构。因此，要按照机构性质进行类型划分，重新调整、优化农业科技推广服务机构。一方面，对于公益性农业科技推广机构，要明确将行政与业务分开，对于掌握过多的不属于机构的职能工作交由政府等，集中精力与优势真正将推广事业落实到乡村田间地头。如有的公益性农业科技推广机构设置了很多分散化的推广内容，涉及林业、水产养殖业、农业、牧业等各方面的推广服务，可以将其归并统一到乡镇一级的农业技术推广站点；对于推广队伍中的专业化高素质社工，可以通过公开招考、对标事业单位的公开招聘，招录转型为全员聘用制，增强队伍的竞争性与激活性。另一方面，对于经营性农业科技推广服务机构，就要坚持以市场为导向，规则要求、运行机制等要适应社会主义市场经济的原则与导向，充分尊重农民的主体性地位与创造性动力，进一步引导、鼓励多元化的组织形式协同推进。

壮大农业科技推广的中介组织。有限的推广力量与无限的被推广对象之间的矛盾是制约当前农村地区科技推广工作难以进行的主要原因之一，两方面的人员对比悬殊，"过少"与"过多"之间的问题往往使得农业科技推广在实际中显得"力不从心"。在这种境况下，中介组织是应运而生的产物。壮大农业科技推广中介组织队伍，通过扶持农民农业协会、农民经济生产合作组织等集体性的互助组织，支持股份制、混合所有制等形式的农业科技推广事务所的建立，鼓励专业化的农业技术人员积极筹办综合性农业科技服务中心，等等，在聚合农民组织化程度的过程中，提升农民接受农业科技的自觉能力。

促进农业科技的研发、教育、推广等一体化发展。一方面，当前农业还存在着研发、教育、推广各司其职的分散状况，这样在实际操作中就会出现信息不对称的现象，因此，要构建农业科技研发教育推广一体化统筹机制，建立农业科技研发教育综合协调的中心机构，鼓励与支持农业科技企业的建成，尤其是加大对于集研发、教育、推广于一体的农业科技企业的发展。另一方面，借助诸如农业研究所、农业大学等学术机构的力量，农业科技推广人员与科研高校院所的专家学者甚至学生进行课题合作，集思广益推动农业科技的研发与推广等一系列问题的解决。

各级党委的领导，加政府部门的指导，通力合作创造有利条件。要与时俱进地注入科技，提升农业科技推广现代化能力与水平的发展动力。信息化时代，要引进现代信息技术、计算机技术、大数据、人工智能等，打造"互联网＋农业推广"多媒体应用系统。在尊重市场基本规律基础上，还要发挥"看得见的力量"，加强农业科技市场的宏观层面的指导与管理，包括农业科技市场的规范交易、农业科技商品的合法交易等，通过规范的市场规范体制与优惠政策措施，培育与促进我国农业科技市场的形成与发展。要在农业科技推广建设的资金投入领域下苦功，在符合体制规制的基础上，拓展资金投入的宽领域与多渠道，为新发展阶段的农业科技推广提供坚实物质保证。

发挥农业科技在资源开发与生态保护的控制能力，提升农业综合生产能力。挖掘农业科学研发的发展潜力，在农业自然资源的合理开发、生态环境的保护中维持"平衡木"两端的平稳。通过利用科技手段进行生态修复，保护生态环境，具体包括科技防灾减灾、科学勘探土地、监控环境污染等。发展科技节能型农业，旨在发展节地、节电、节能、节水的节约高效农业，推动农业的生态化与自然化，使得农业资源的良性有序循环。建立区域性的农业资源、生态状况变化的预测、检测观察点，利用科学技术对于农业、生态、环境等各方面进行科学有效的分析，以利于科学规划与预防潜在的危机，增强农业现代化的科学性。

开拓农业科技产品现代流通方式。推广农业科技产品的连锁化、链条化经营。打造新型农业科技产品的营销关系网，将批发市场、农业产业化龙头企业、农业科技产品流通企业等在内的主体纳入经营发展农业科技产品的链条之中，打造推广连锁化经营模式。发展农业科技产品电子商务。随着互联网时代的来临，互联网、自媒体的兴起给各行各业带来了新的行业红利。提高农业科技产品的电子商务化水平，在创建农业网站的同时，要注重利用淘宝、拼多多、抖音等拓宽网络交易的平台与途径，既有利于收集真实的市场呼声，又有利于农业科技产品被更多人熟知与接受。增加农业科技产品期货交易品质要采取"稳中带及"的原则，一方面要"稳"，另一方面要"及"。所谓"稳"，就是稳步推动农业科技产品期货市场发展；"及"就是选择条件成熟的品种及时组织上市交易。

第五节 完善农业支持保护制度

在乡村振兴中，要以提升农业质量效益和竞争力为目标，加快建立新型农业支持保护政策体系。

一、完善农业社会化服务体系

农业社会化服务主要指经济相关部门、农村经济组织以及社会其他组织等为农业、副业、林业、养殖业、牧业等的发展提供指导与服务。建立农业社会化服务体系是国家农业发展的一条重要经验，西方发展的农业"支持系统"，与我国的农业社会化服务体系在本质上是一样的。农业社会化服务体系是一种综合配套的服务体系，具有系统性、全程性特征，贯穿于农业的前中后全过程之中。从农业社会化服务的概括内容来看，大致有供应服务、科技服务、加工服务、信息服务、储运服务、销售服务、经营决策、社会保障、法律服务等。新发展阶段，要健全我国的农业社会化服务体系。

提高农业社会化服务组织机构的专业化与标准化。在组织方面，不断充实农村集体经济服务组织的服务内容与服务范围，发挥在整个服务体系中的基础作用。在制度方面，制定与完善农业社会化服务的组织规范与管理体制，做到各类服务部门的有效分工，确保在服务中既能各司其职又能协调一致。在农业标准方面，制定规范的服务标准，加强农产品在生产、加工、运输、流通的全过程的质量标准。

加强农业科技服务体系建设。政府承担着对于农业科技研发的最重要的支持作用，一方面，政府要出台政策优惠、资金投入等鼓励新型农业经营主体的农业科技创新，另一方面，政府的天然公信力能够引导社会各界主体参与农业科技服务体系之中，通过融合科研院所、高校等农业专业领域的力量，壮大农业科技服务的专业化力量。

加强农产品流通服务体系建设。农产品流通服务体系是推动农业现代化、农民增收创收的重要途径。要发挥农产品购销大户、农业粮店等的销售作用，为农产品的销售拓宽渠道与提供便利。

二、完善农业支持保护方面的法律服务

在新发展阶段，完善农业支持保护方面的法律保障有利于贯彻落实党中央关于农业农村的优先发展，有利于保持农业农村的稳定态势与农民的持续增收。一方面，完善涉农法律法规，使得农业行政执法体系更加规范化与标准化，使得权力与责任相匹配，在监督下规范行为。另一方面，完善农业支持法律体系，将各种惠农政策上升为法制的高度，让各级政府在规章制度下依法依规行事。

三、完善农业支持方面的金融服务

推进乡村振兴，要强化金融服务方式创新，严格管控风险，提高金融服务乡村振兴能力和水平。发挥中国农业发展银行在支农中的主导作用。

一方面，基于现有业务，适当拓宽中国农业发展银行的业务广度，在涉及农村经济发展与农业技术方面适当增加中长期贷款。另一方面，拓宽中国农业发展银行的资金来源，提升资金来源渠道的多元化。发挥农村信用社联系农民"最好的金融纽带"的作用，将农村信用社精准定位，承担起在农村地区为广大农民以及中小投资者的农业生产提供金融服务的特殊性作用。同时，也要发挥商业性金融机构支农、政策性银行等为农业蓄力的积极作用。构建起政策主导型农业保险体系，发挥为农业兜底、保底的作用。

第五章　乡村人才振兴
培养造就"三农"人才队伍

要把人力资本开发放在首要位置，畅通管理、技术、智力等下乡通道，造就更多乡土本土型人才，聚天下之人才而用之。因此，进入新发展阶段，实施乡村振兴战略，必须破解人才瓶颈制约。

第一节　"新农人"的基本能力素养

推进乡村振兴的落脚点在"农村"，重点在"村民"主体，服务目标是村民，依靠力量的主体是村民。从推进乡村振兴的需要来看，无论是"富口袋"还是"富脑袋"，都需要高素质的人才做保障。

"新农人"是具有长远眼光、有所追求，具备专业技能投身于农村建设的一类群体，包括创业投资者、大学毕业生、参军转业军人、务工人员等返乡回乡创业工作。从表征上来看，新农人的构成要素个体内部存在差异，新农人个体的出身、阅历、知识、能力、理念等均有所不同。但其实质上，"新农人"在乡村振兴中各展所能，对于新发展阶段的农村建设、农业现代化发展的能量是积极正向的，旨在突破传统农业生产经营方式，探索农业现代化建设新模式。

一、了解时事和国家涉农政策

"新农人"一般有较强的马克思主义理想信念，爱学习、有思想，是农村中国内外时事政策的明白人，是农村政治与经济生活中的领头人。"新农人"的眼光不再囿于自家的"一亩三分田"，而是紧跟党的领导，着眼全局、放眼长远，秉持新思维，运用新技术推动生态农业的发展，是"三农"政策积极落地者与实施者。

二、有较强的自主创新意识

"新农人"一般对他所在乡村的资源禀赋、生活习俗、历史传统、居民构成等实际情况比较清楚，熟悉当地的产业结构、市场需求，能够迅速为乡村产业发展准确定位。"新农人"一般具有较高的知识水平、社会阅历，相当一部分"新农人"拥有了一定的资本积累，对人对事有主见，善于捕捉农村中的新鲜事物，想在乡村中创业立业的愿望较为强烈。"新农人"一般具有丰富的人脉资源和社会关系，能在当地调动各种资源来促进乡村产业的发展。

三、知识能力结构宽泛

"新农人"的知识能力具有地域性、特质性与不均衡性，在推进乡村实践中呈现出不同的地域特点，这样使得各地的特色优势能够进一步融合。"新农人"一般具有非常扎实的农业基础理论知识与农业基本专业技能，不局限于传统的农业经济理念与技术层面，能够与时俱进地适应农业现代化、农村城镇化的发展态势，及时将农业的新理念与新技术消化吸收为己所用。

第二节　构建适应乡村振兴的人才体系

改革开放 40 多年来，伴随工业化、城镇化的历史进程，数亿农村人口涌入城市，出去的农民不愿再在农村"留下来"，甚至不愿意"再回来"，这在一定程度上导致"农村空心化""农业边缘化""农民老龄化"等现象。黄路生院士在赣东北农村做的农村人口调查显示，农村留守人口结构呈现出典型的"613899"人口结构，农业人口普遍出现"70 后不愿种地，80 后不会种地，90 后根本想都不想种地"现象。❶ 在乡村振兴中，要采取一系列务实创新的引才、育才、用才举措，在力量上聚合、政策上倾斜、环境上优化、平台上搭建，为全面推进乡村振兴提供强有力的人才支持。

一、加强"三农"干部队伍建设

在乡村振兴中，发挥基层党员干部的先锋与带头作用，坚持懂农业、爱农村、爱农民这一基本原则要求，形成选拔、教育、培养、管理、任用

---

❶ 廖彩荣，翁贞林，郭如良，等. 乡村振兴战略："五个振兴"、制度创新与国际经验："乡村振兴专题论坛"综述 [J]. 农林经济管理学报，2018，17（5）：622-628.

"三农"工作干部队伍体系。党委要坚持对"三农"工作的领导，政府相关部门要抓好"三农"工作的落实，基层党员干部是推动"三农"工作真正抓实抓牢的主要行家里手。改善待遇和创新用人机制，让优秀人才在城乡间自由流动。

二、壮大"土专家"队伍

"土专家"主要是指在农业种植培养、农业生产方式、农产品加工等方面能提供先进理念、科技支撑、技术扶植的人才队伍。成员构成涵盖普及农业新理念的宣传人员和推广农业新技术产品新育种的专业人员等，涉及农业种植技术、水产养殖技术、新型农机具技术、畜禽养殖及诊治技术等。一方面，发挥科技专业人才的创造性作用。实现一地一单位的对接，科研与院所、高等院校合作，专业技术人员到农村地区调研、挂职、创业等，发挥专业技术的才能与农村地区资源优势的结合。开展农业人才特聘计划、农业科研杰出人才计划、杰出青年农业科学家项目等。另一方面，县域人才管理部门要处理好放权与保障的问题，促进农业专业人才主动在农村大展身手。

三、培养新型职业农民人才队伍

广大农民的素质直接决定着乡村振兴的兴衰成败。从当前农民的受教育情况看，在农村劳动力中，高中及以上文化程度的比例很少，绝大多数是初中及小学文化程度。这种情况表明，培养新型农民是当前乡村振兴最为迫切的要求，也是乡村振兴最关键的内容。

在乡村振兴中，要大力培育新型职业农民，在经费支持、措施配套、责任落实等方面构建新型职业农民培育的体制机制。当前培养新型农民应着力抓好"三项工作"。一是大力办好农村职业教育事业。二是大规模开展农村劳动力技能培训。三是繁荣农村文化事业。此外，要从科技增收、专业化生产、市场经营三个逻辑层次促进农民能力提升。一是提高农民的科技增收能力。促进农业现代化，要推进农业科技成果的转化应用，采取典型引路、打造规模农业示范区、农业科技示范户。推广新理念新品种新技术，培育乡村人才队伍建设，实现市县建立科技学校院所、乡村建立农业示范基地、组内有科技中心户的农业培训网络全覆盖，使得在农村开展实用技术讲座常态化，就地指导农民进行科学种植培养，旨在促进农民的增收创收经济效益。二是提高农民专业化生产能力。要充分发挥各地区的资源优势、人力优势与生态优势等，发展高效特色产业、生态农业、主导产业的市场竞争力。当前有些农村地区依然是自我封闭、小规模生产的传统意义的"精耕细作"，眼界还没有跟上市场化的步伐，应引导广大农民突破地域的界限与规模的束缚，从战略性主导产业、地方性特色产业、区域性优势产业等层次上优化、调整农村产业经济结构。三是提高农民的市场经营能力。目前，农民"机械"的认知理念导致农业生产的盲目性与经营管理的被动性，缺乏市场商机的敏锐性。要根据农民的劳动力特点与特色优势，帮助引导农民了解市场、研究市场、融入市场，生产适合市场化需求的产品资源。

第三节　优化农村人才队伍建设体制机制

乡村人才引进、培育、使用，关键还要能"留得住"，优化农村人才队伍建设体制机制是乡村人才振兴的保障。推动乡村振兴，必须进一步优化人才工作理念，用科学人才观指导农村人才队伍建设，优化农村人才队伍建设体制机制，构建农村人才工作新格局。

一、重视乡村人力资本开发

十年树木，百年树人。推进乡村振兴必须把人力资本开发放在首要位置，以人才振兴助推乡村振兴目标的实现。一方面，探索农村实用人才评价体系。推进乡村振兴，要积极探索农村实用人才评价体系，专业技术资格评审要具有灵活性与实践性，适当放宽有关评审的条件，农村地区应该注重实际性有形成绩的比重，包括转化科研成果、促进农业生产、经济效益社会效益创收、实用技术推广等，根据具体情况适当减少在论文著作、外语、学历等方面的"刚性"条件。针对农业方面取得突出成绩的，可以优先评审甚至破格晋升，以此激励农村专业技术人员有动力、有精力全身心投入农业生产研发、创造。另一方面，重视在荣誉和经济待遇上的激励。对于农村工作专业技术人员要给予及时的激励奖励，表彰优秀贡献人员与农业实用拔尖人才等，通过荣誉表彰等精神激励与物质奖励等方式，通过增加从事农业技术人员的津贴补贴，为投身农业农村建设的各类人才解决后顾之忧。

二、加强农村人才市场体系建设

农村人才市场是农村人才开发的载体。大力开发农村人才应建立机制健全、运行规范和服务周到的农村人才市场体系，使之成为农村人才积蓄的中心、交流的场所、信息的桥梁。农村人才市场应定期组织举办农村人才交流洽谈，努力为农村人才提供政策咨询、人才策划、档案托管和人才落户等人事服务。同时，须加强各地农村人才市场执法监管队伍的建设，研究制订农村人才市场服务标准，建立健全农村人才服务行业协会，强化行业自律，推动人才市场服务质量提升。

三、鼓励社会人才投身乡村建设

中国人向来重视乡土观念，"安土重迁""叶落归根"符合中华传统文化理念。因此，吸引大城市的流动人口"逃离北上广"，回归乡村，既能够为乡村振兴助力，同时也可成为缓解大都市病的双赢策略。❶引进外部人才是为乡村振兴提供智力支持的便捷之选。一方面，相关部门须因地制宜制订引才政策。政策的制订者需深入调研后，根据当地的政策环境、经济条件、发展需求等来制定引才计划和出台引才政策，既要考虑当前也要结合长远，分清主次、轻重、缓急，重点引入"紧缺""急需"人才。要创新形式和方式，通过制度性规定鼓励城市和乡镇管理型人才下沉到村庄工作，以弥补村庄管理型人才的不足；通过临时聘用制或联合聘用制等解决专业型和技术型人才的不足。

另一方面，建立健全激励机制。通过股权、税收优惠等方式来创新人才激励机制，营造尊重人才、重视人才的氛围和制度环境，以事业引才、平台留才来吸引更多人才流向乡村。再者，改善引才社会环境。以城乡融合发展为契机，加大城乡道路交通、通信、物流等公共设施和服务水平的健全和提升，促进城乡一体化发展，以改善乡村人才的工作环境。此外，

---

❶ 刘云刚，陈林，宋弘扬. 基于人才支援的乡村振兴战略：日本的经验与借鉴 [J]. 国际城市规划，2020，35（3）：94－102.

需要进一步落实乡村引才配套政策，真正落实引才人员住房、子女就学、家人就医等方面的相关政策。

四、健全农村人才教育培训体系

把农业和农村经济的发展真正转移到依靠科技进步和提高劳动素质上来，要用系统论思维方式来审视乡村振兴战略中农村教育体系，就是要明晰与把握农村教育系统层面、多维视角和相关因素的整体关系，构建多种类型的农村教育体系。❶

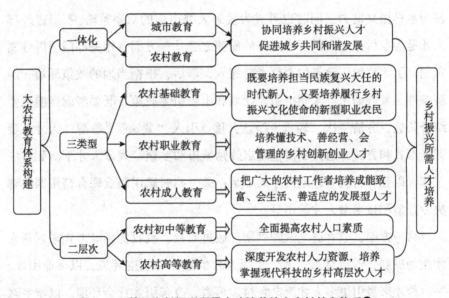

图 5-1　基于乡村振兴所需人才培养的大农村教育体系❷

---

❶ 肖正德. 乡村振兴所需人才培养与大农村教育体系构建 [J]. 杭州师范大学学报（社会科学版），2021（2）：108-113.

❷ 同①。

一要建立健全一套完整的县、乡、村级组织实用技术教育网络，大力开展培训教育。全面提升农民的职业素质和专业能力，培育出一大批"土专家"和"田秀才"。二要通过实验室、试验基地的建设和改革管理运营机制等措施，创造吸引人才的工作环境。三要建立自主培养与人才引进相结合，学历教育、技能培训、实践锻炼等多种方式并举的人力资源开发机制。

第六章　振兴乡村文化　培育文明乡风

费孝通在《乡土中国》中勾画出的传统乡村中的"差序格局""无讼"等关键词，❶ 标识出中国乡村作为地域共同体的重要特征。通过乡村振兴实现乡风文明，用高尚的文化涵养人心，用高雅的文化滋养生活，实现人的解放以及人与人、人与自然的和谐，是马克思主义的思想精髓，是中华农耕文明的底色，更是中国特色社会主义乡村振兴的重要精神力量。乡村文化振兴的要义是要实现"文化从自觉到自信"，而达成这一愿景必须尊重文化再生长的逻辑，同时文化自觉的持续积累需要体现文化为人的功能，所以我们要精准识别乡村文化符号，实现资源到产业的发展通路，同时要重塑文化的内聚功能，提升乡村文化。

第一节　加强农村思想道德建设

消除小农意识，用社会主义思想武装农民，是社会主义改造小农的一

---

❶ 费孝通. 乡土中国 ［M］. 北京：生活·读书·新知三联书店，2013：29.

项长期的艰巨的重要任务。● 在乡村振兴中，要大力加强农村思想道德内容建设、阵地建设、方法创新。

一、把社会主义核心价值观融入农村生产和生活

在乡村文化振兴中坚持社会主义核心价值体系的引领和主导，直接关系到文化强国战略的落实，事关农村经济发展、社会稳定和乡风文明的大局，是农村工作重大原则在文化建设中的重要体现。

1. 使之成为推动乡村振兴的思想保证和精神动力

社会主义核心价值观的领航，是新发展阶段推进乡村振兴的方向指引。农村的现实环境、现存问题及发展现状决定了农村社会主义文化建设对于社会主义价值的需求。农村文化是伴随农村的自然环境、生态环境、地理位置、生产方式、生活方式等的发展而发展的，农村的各个"子系统"之间的有机构成形成了农村"大系统"的有效运转。在中国的农村现实中，狭义的生活空间、局限的生产技术、相对不发达的生产力决定了农民的主要活动空间是以小家庭为基本单位的形势。这种传统的以家庭为基本单位的模式，一方面，增加了农民的时间自主权，可以自由安排时间进行农间劳动，有利于增加农民的自由闲暇可支配时间。另一方面，农民个体劳动的日趋自由，与之相对的是集体劳动的衰退，这使得农民之间的交往概率与频率日渐减少，增加了农民之间的彼此疏离感，传统意义上私有空间的扩大很大程度上是伴随着公共空间同步的

● 郑祖铤. 马恩的小农理论和社会主义改造小农的实践 [J]. 湘潭师范学院学报（社会科学版），2002（4）：54, 60.

缩小。这样一来，就引起了农民人机交往方面的"变异"，人情淡漠、村里不识、邻里反目等现象日益增多。当农民长期处于封闭的私人空间中，就会增加一定的寂寞感与空虚感，此时宗教迷信等传统落后文化就会伺机入侵，这也就解释了宗教迷信在农村地区尤为盛行的原因。不能只归结为农民的"愚昧"，实际上，在当下的环境中，广大农民已经摆脱了思想"愚昧"的状态，只是日益增加的精神文化需要与当前农村现有的精神文化并不匹配。因为人在满足了基本物质需要之后，就会寻求更高的精神层面的满足，农民迫切需要精神文化的需要来满足自身的生存生产生活。因此，在广大农村地区推行社会主义精神文明具有紧迫性，农村社会主义精神文明与社会主义核心价值观是同步发展的。社会主义核心价值作为中国特色社会主义制度的精神之魂，为社会主义社会的目标、任务、布局提供精神导引作用。

2. 强化农民对社会主义核心价值的认同

大力提升社会主义核心价值在农村文化建设中的认同度是核心价值深入农村建设的关键。要坚持以政府为主导，以群众喜闻乐见的形式，结合现有文化设施，开展主题鲜明、形式多样、生动活泼的先进文化产品进农村活动，教育广大群众知荣明耻，培育新农民，提倡新风尚。广泛开展群众文化活动，努力满足广大农民的文化需求。帮助人们辨别是非、善恶、美丑界限，分清荣辱，引导广大农民树立社会主义核心价值观。加强和规范文化市场管理，把促进文化产业发展与规范市场秩序结合起来，严厉查处含有色情、暴力、赌博、迷信等内容的活动和经营，提升社会主义价值在农村文化建设中的认同度。

二、不断巩固、拓展农村思想文化阵地

我国农村文化阵地包括农村文化站、图书室、娱乐室、文化广场等公共服务设施。要充分利用这些公共服务设施作为宣传党的思想、路线、方针、政策的重要渠道。通过这些公共服务设施开展丰富多彩的文化活动，开阔农民的艺术视野，提高农民的艺术修养。

创新在农村文化宣传的方式，延续在广大农村地区放映电影开展宣传教育的方式，放映人民大众喜闻乐见的优秀影视作品，真正起到一定的作用，而不是为了任务而机械地放映电影，要考虑到影视的效果，尤其是针对农村广大地区的中小学生而言，通过影视作品，加强对广大中小学生的爱国主义熏陶、安全知识普及、科技教育启迪等的作用。创新在农村放映电影的方式与模式，建立电影放映的规范机制，如规定每月放映电影的时间、次数等，让农民建立习惯娱乐观念，让农民对电影放映有所期盼、对电影内容有所感悟，在农民物质富足的前提下，奉献精神文化的价值。加入现代科学技术，在有条件的情况下升级放映装备，由传统幕布形势逐步向3D、5D等升级的观影方式；在相对落后地区，从现代传输手段的扩展着手，建构起全国农村基层服务网络文化资源共享的串联，让文化资源实现全国农村全覆盖。

同时，文化信息资源共享工程要与农村文化设施建设统筹规划，综合利用，促进农村文化阵地的活跃和发展。

三、实施乡村德治工程

乡风文明的表现形式之一就是农村良好的道德秩序。随着市场化的发展，在我国农村发展的进程中也渗透了市场化的特质，在多元利益的冲突下，物质层面的变化必然会导致道德层面的冲击，使得农民的道德观念日趋多元化，从而使得农民之间的道德关系也趋于复杂多变化，对于维护农村的道德秩序提出了一定的挑战。因此，加强社会主义新农村文化建设，促进广大农民的道德素养与道德观念的提升，是实现乡风文明的基本前提。

1. 健全农村新的道德规范

在新旧体制交替的过渡时期，各种思想道德观念文化等容易相互碰撞、渗透，在先进文化进入的同时，也会混入各种落后文化。因此，建立健全适应社会主义市场经济制度的新的农村社会道德规范就具有迫切的时代性。一方面，农村新道德建设与中华优秀传统文化相结合。中华传统道德体系中蕴含着丰富的优秀传统基因，在中华文明几千年的实践中传承延续至今，包括先国后家的爱国情怀、乐善好施的仁爱精神、万物归一的和谐精神、上善如水的重德精神等。这些优良的传统文化精神至今都具有现实意义。在推行农村新道德建设的过程中，不能忘本，"本"是指中华存续数千年的优秀文化传统。将农村新道德规范与传统优秀文化贯通起来。另一方面，农村新道德建设与革命文化、社会主义先进文化相结合。发挥红色文化、革命文化的激励作用，发挥社会主义先进文化的动员作用，扩展农村新道德建设的内涵。广大农民是农村道德文化建设与新道德规范的主体与客体的统一，这是由要求与满足相互关系决定的。所谓"要求"是指农民对于农村新道德的践行与新道德规范的遵循，所谓"满足"，是指满足广大农民的客观实际道德需求，不是脱离农民实际的盲目。

2. 营造农村道德建设氛围

在乡村的人情社会中，与城市相比，舆论具有更快传播的速率与更高的关注度。农村文化作为道德舆论的风向杆，起到了正反两方面的功能，即舆论导向的弘扬性与舆论导向的批判性。在社会主义市场经济、经济全球化的影响下，一方面，农村的舆论环境相较之前更加自由开化，另一方面，也要防止资本主义的入侵所带来的不良风气。在广大农村地区，以亲缘、血统、宗族为纽带，长期形成的闭环锁链，相对禁锢着农村的舆论场域。由于地域的限制，农民的心理具有邻里比较、相互观望等特点，与城市社区相比，农村地区的这种近邻倾向，使得农村道德模范能够成为很好的带动作用。因为农村地区农民的这种心态，使得他们更容易接受先锋模范，并且也容易追随、模仿带头人的行为。农村的"农民看模范，模范看党员，党员看干部"现象相当普遍，意味着农村道德模范的引领作用成为农村道德文化氛围建设的重要举措。

农村有两类人是村民极为容易认同和支持的，一类是广大农村基层党员干部，在很多村民眼中，基层干部就是共产党的代表，相信基层干部就是相信党和国家，拥护党和国家就要拥护基层干部；另一类就是德高望重的乡绅、基层模范人物等，这是由于乡土社会中的价值导向、宗族意识等各种因素形成的。广大基层党员干部的先锋模范作用对于村民来说是非常具有价值引领作用的，一个农村地区的村风怎么样，看当地的党员干部就能代表，一般而言，当地的党员干部先锋模范作用强，农村素质就相对偏高，当地的党员干部示范作用弱，农村的问题就比较棘手，村霸、恶霸等时有出现。从这个意义上，通过广大农村基层党员干部的道德模范作用带动村风文明建设新气象。因此，新发展阶段持续推进农村道德文化建设，农村基层党员干部的形象建设是关键中的重点。农村基层党员干部形象建设具体既包括工作形象，在工作中展现的勤政为民的良好形象以及良好作风，又包括个人形象，即推进家风建设，以家风传承带动其他农民家庭良好家风的建设。那么，除基层党员干部的价值引领作用外，还要从农民中选拔出优秀的道德模范并加以表彰，从个人道德的层面上升为官方荣誉的层面，宣传先进典型事迹，通过人文感化与道德教化的双重逻辑，潜移默化影响农村的道德氛围，形成尊重模范、学习模范、赶超模范的一股"劲"，让这股"劲"成为促进农村道德文化建设的凝聚力与团结力。

3. 提供农村道德建设载体

道德建设需要一定的载体来承接，否则，道德建设只是停留在喊口号的阶段，不能真正落实到基层农村。在农村推行道德文化的建设，最首要的原则就是立足于实际，结合当地实际与农村实际，利用适合的承接载体，通过广大农民喜闻乐见的形势去逐步打通"关卡"，倘若盲目推广不合时宜的所谓"经验模式"，效果只能适得其反。最理想的状态就是在潜移默化的进程中使得农民培养良好思想道德修养的主动与自觉，要达成这一目标，其核心就是要有一定的道德建设载体。

从基础设施的角度，要建立健全道德文化建设的实物载体。实现多媒体的传播载体在广大农村地区的全覆盖，如有的农村社区建立的阅览室、宣传栏、体育场、网站、公众号、农村影院、专门的广场舞场地等，满足各种年龄阶段的农村人口的娱乐需要。农村村民委员会通过微信群、喇叭广播、QQ群、腾讯会议等形式，发布村庄相关消息、开展村庄线上投票等，丰富了农民参与各种活动的渠道。通过创新多元化的道德文化活动，调动广大农民参与的积极意识与主动性，寓教育于活动之中。

从农村文化的角度，固牢农村文化阵地，农村文化产业与文化事业并蓄发展。一方面，从文化产业的维度来看，培育和利用农村文化市场将农村文化资源加以盘活，很大程度上决定着农村文化发展的进度与程度，这对于广大文化工作者就提出了更高的要求。艺术往往来源于生活，取之于实践。文化工作者只有切实感受农民乡土人情、切身体会农村生活，才能从农村的环境、农民的生产生活中汲取灵感，创造出更优质的文化产品用以回馈农民，满足农民对于精神文化不断充实的需求。另一方面，从文化事业的维度来看，要经常开展群众性的精神文明创建活动，以文化活动为主要载体，通过奖励激励等措施，吸引农民的积极参与其中，这也是被很多农村地区实践证明过的成功经验，值得在全国范围内推广。很多农村地区每年都会开展家庭文明评比活动，评比选出"最美家庭""最美婆婆"等各类"最美"称号，对于很多农民而言，这是组织对于私人领域的一种认可，将会更加积极地将家庭单位上升为集体荣誉的高度，增强其参与的主动性与积极性。在家风文明评比建设中，将家庭美德真正落实到具体实践之中，并且在潜移默化中将家庭美德、个人私德、社会公德、职业道德等融会贯通，渗透到农民生产生活的各个层面，提高"三观"认知的同时也在改变行为方式。

第二节　丰富乡村文化生活，促进乡风文明

文化是乡土社会的根，也是乡村共同体内在凝聚力和认同感的源泉。在乡村振兴中，要丰富乡村文化生活，促进乡风文明。要重塑乡村社会的主流文化，打造党建文化、家庭文化、公共文化、民俗文化等多元文化体系，鼓励通过村规民约、"红白理事会"、乡贤等多样化文化建设形式参与到集体事务中来，构建社会文化的主体性地位，通过文化体系的建构为乡村社会治理和公众参与注入强有力的群众基础和情感基础，为培育农村居

民积极参与集体事务提供凝聚力和认同感的支持。❶

一、推动农村公共文化共建共享

在乡村振兴中，要使乡村公共文化服务体系标准化、人性化、网络化。县级公共文化机构对于乡村公共文化具有一定的指导与辐射作用，在建设基层综合性文化服务中心的过程中，要借鉴县级、乡级公共文化建构的思路与原则等，旨在促进农村基层公共文化服务效能的全方位落实。公共文化资源的适度"倾斜"。过去城乡之间的资源分配不均问题虽然得以缓解，但在文化资源方面还是显示出了比较大的资源配置问题，因此要实施公共文化下乡，将公共文化资源适度地、有重点地、分批次地向农村倾斜，将农村的公共文化水平往上"拉一拉""提一提"，争取向城市公共文化追平。发挥乡村本土文化人才的"威力"，一方面，推动农村文化"走出去"，推广出去被外界熟知；另一方面，有利于农村文化"走进来"，学习借鉴其他地区的先进模式、先进理念，融合自身独特优势，将资源优势转化为文化发展优势，借用本土文化名人效应，致力于打造特色乡村文化品牌。

1. 农村文化设施是发展农村文化的载体

农村文化设施作为农村公共设施的构成部分，是广大农民文化娱乐的聚居地，是基层干部开展宣传教育的场所，是与各种腐朽黑暗思想作斗争的主要战场，是传播科学技术的主渠道。文化设施建设有利于增强农民的

---

❶ 朱志平，朱慧劼. 乡村文化振兴与乡村共同体的再造 ［J］. 江苏社会科学，2020（6）：62－69.

文化素养与文化鉴赏能力，有利于充盈农民的精神文化世界。

第一，农村文化设施是广大农民参与文化娱乐的聚居地。农民日益增长的物质水平为提高精神水平奠定了坚实的保障基础，因为农民的物质生活越丰富，精神层次的需求与意愿就越强烈。近年来，政府部门对于农民文化活动方式的宣传方面也下足了"苦功夫"，不断创新农民的文化生活形式，如定时、定期、定点送戏、送演出、送电影，将文化送下乡，受到了广大农民与儿童的追捧与好评。此外，由镇党委牵头举办的文艺活动比赛等，各个村庄组成文艺演出队，在全乡镇甚至全市范围内表演评比，激发了广大农民参与文化活动的积极性与主动性，甚至很多农民将文艺队的任务上升为"工作"的内容，创办文化节、传承民间特色手艺与表演等，为传承优秀传统文化，弘扬本地革命文化与红色文化作出了很大的贡献。

第二，农村文化设施是宣传党的路线方针政策的重要载体。党对农村工作的领导主要通过基层党组织来有效贯彻执行，推动党的路线方针政策的有效落地。随着互联网技术的发展，基层干部的工作方式也在不断创新。通过广播、电视、互联网、微信等各种媒介，对于党的最新理论路线、方针、政策的宣传、解读总是能够第一时间传递给广大农民，农民接受信息的途径也日益多元，从过去只能去现场听讲座、听广播、看电视等形式，发展为直接在手机上可以实时接收信息，甚至观看实时直播，这有利于广大农民在第一视角接受信息的同时，将这种认知进而转化为自觉的行动。

第三，农村文化设施是农民思想道德建设的主阵地。乡村振兴不仅是振兴农村经济的经济过程，更是推进乡村全方面振兴的社会过程。因此，在乡村振兴中农村政治发展、农村经济发展、农村生态发展、农村文化发展、农村社会发展的本质都是为了促进人的自由全面发展。目前，有些相对贫困的农村地区尚存在着落后的问题，一般情况下，物质的贫穷与精神的落后是成正比的。部分农村地区还存在着一些非法邪教、封建迷信、黑恶势力等的"根"还没有清除，也是社会底层生活黑暗面的体现，严重影响了广大农民的正常生产生活，阻碍着乡村振兴的向前发展。要将这些黑暗问题彻底解决，筑牢固守农村文化建设的主阵地，不允许任何一点黑恶势力的渗入，旗帜鲜明地将社会主义先进文化进入农民的心中，明辨是与非、美与丑、善与恶，使农民在坚持社会主义先进文化洗礼的同时，主动将各种封建腐朽黑暗的旧东西"置之死地"，以农民思想素质的提升践行于对待腐朽落后思想的斗争之中。

第四，农村文化设施是农民掌握科技文化知识的重要窗口。科学技术是实现农业现代化的前提，科学技术运用于农业生产，关键在于农民对科技化与现代化掌握的水平与能力。农村文化设施是为农民提供科技文化知识的重要窗口之一。一方面，打造农民自学的场域与途径。农民具有更加自由与自主的时间选择，可支配时间弹性比较大，对于统一学习培训来说，利用时间自主学习不失为一种方式，有条件的地方开展多媒体多功能教室，为广大农民提供学习场所；利用远程网络学习、讲座报告、阅读农业著作等，为广大农民提供物质载体。另一方面，创新农民教育方式。通过文化活动交流共促的方式，将党和国家路线方针政策等各项宣传贯彻到文艺活动的内容之中，如改编成歌，谱奏成曲，甚至可以把歌曲编排成广场舞的形式，让理论层面的知识真正落实到农民的日常之中，将学理性的知识具化为通俗化的知识。

2. 农村基本文化设施

农村基本文化设施是衡量农村文化工作开展水平与跟进程度的重要标尺。农村文化设施具体包括场所、装备、资料、器具、材料、房屋等"硬件设施"与软件设施。

学习阅览设施。学习阅览设施顾名思义就是为农民提供学习阅读的场所，根据场所的功能分别设有教室、图书阅览室、科普活动室、讲座会议室等，供不同类型的学习和活动。一般情况下，学习阅览设施通常配备基本的书桌、书橱、板凳、图书、报纸、宣传展示窗、电视、电脑等一系列硬件设施与软件设施。这些设施的来源主要是由政府投资、企业资助，而管理权则交由农民选出的代表负责管理、维护，行政部门和广大农民负有监督的职责，在系统的规范下有效运行。

体育运动设施。体育运动是在全国比较普遍又通用的娱乐方式，尤其是我国的乒乓球运动傲立全球，"全民乒乓"方兴未艾。在广大农村地区，得益于辽阔的场地，使得各种体育运动设施、场地应有尽有，包括乒乓场地、篮球场、田径场等，也有一些地区还设有足球场、网球场，这些设施共同的特点都是以小型体育活动为主。

艺术表演设施。艺术表演设施主要包括各种文化艺术所需要的场地及工具。不同地域具有各自的代表性艺术，少数民族地区的特色舞蹈、汉族的皮影戏、京剧、豫剧等，都属于艺术表演的范畴。一种是演出性质的，另一种是电影、视频放映性质的，都属于传播艺术的方式。在广大农村地区中，由于没有专门的文艺演出大厅，往往各类演出都是平坦辽阔的广场上进行。

文化娱乐设施。由于要面向不同文化层级与年龄层次的农村人口，对于农村地区的文化娱乐设施来说往往要求更高。因为不同代际的娱乐方式与娱乐倾向是不一样的，甚至不同代际存在相互"瞧不上"的现象，这就决定了文化娱乐设施的多元化。如"青年之家"中的电竞游戏、"剧本杀"通关场所等，"老年之家"中的棋牌室、收音机等，"中年之家"中的卡拉OK、舞厅等，专属于不同年代的流行娱乐设施，这些设施增加了娱乐活动的多元性与追忆性。

3. 加强农村文化设施建设

文化事业作为具有社会属性的系统性项目，涉及每一个社会成员的文化权益，需要动员全社会的力量来建设文化设施体系。那么农村文化作为社会文化事业的重要部分，鼓励全社会关心、关注、参与、支持农村文化事业的发展，集中力量办大事的优势同样发挥于农村文化设施的完善、农村文化设备的升档、农村文化设施数量的增加等方面，从而将农村文化设施建设的步伐提速增质。

提高认识，加强农村文化设施建设领导。各级党委政府要进一步完善工作机制，坚持上下联动，密切配合，齐抓共管，整体推进，形成区宣传文化部门牵头协调、各部门密切配合、各镇街道组织实施、各村居具体负责的工作机制，各尽所能，群策群力，进一步在全社会形成建设农村文化基础设施的合力，加大创建力度。

立足服务，增强吸引力。准确把握农民群众的心态，通过组织一些符合群众心理、切合实际的活动，让群众积极参与到俱乐部中来。如对生产型农民，要增加涉农科技知识讲座，引导和鼓励他们参加学习；对那些游离于直接生产之外的农民群众，要结合当前农村劳动力素质培训工程，开办各类技能培训班，鼓励他们参与乡村文化建设，开展乡村社群活动。

二、广泛开展群众文化活动

群众文化活动是农村文化事业发展的重要内容。广泛开展群众文化活动能够改变公共文化服务的供给仅由政府提供的单一性，从而更广泛地实现人民群众的文化利益。

1. 群众文化活动的重要作用

群众文化活动是社会主义精神文明建设的重要组成部分，是推进农村产业结构调整、文化强民与文化乐民建设和促进农村经济社会全面发展的重要手段，是推进乡村振兴的具体体现。群众文化活动作为农村基层文化建设的主力军，不仅具有重大的现实意义，而且具有深远的历史意义。因此，各级宣传、文化部门应加大宣传引导工作的力度，发动全社会都来关心、支持群众文化活动，积极参与到群众文化活动中来。

2. 提高群众文化活动的人员素质

各级文化主管部门应将文化活动从业人员纳入教育培训体系，建立教育培训机制，增强培训的规范化与周期性。一方面有利于提高文化活动从业人员的业务能力与文化水平，另一方面有利于充实专业化的文化人才队伍，促进文化活动人才队伍建设的良性发展。

3. 激发农村群众文化活动的发展活力

通过构建经营性文化活动体系，激励农民积极兴办属于自己的"文化企业"，发挥政策支持、引导优势，鼓励农民招商投资兴建文化企业、民间职业艺术团、农村电影拍摄组等，将一部分权力让渡给农民，自主经营这些文化企业，在自我管理、自我创办中融入市场运作模式，使文化产业真正在农村地区"活起来"与"火起来"。可以出台一些优惠的扶持、资助和鼓励性政策，设法吸引社会资金投入到群众文化活动中来，增强群众文化活动组织的实力和竞争力。

三、大力推进乡村移风易俗

在乡村振兴中，要大力开展移风易俗行动。广泛开展群众性精神文明创建活动，丰富农民群众精神文化生活，提高农民科学文化素养。

第三节　弘扬中华优秀的传统乡村文化

文化基因客观存在并存留在乡村社会的特定自然与人文环境中。因此，在乡村振兴中，要传承发展提升农村优秀传统文化。

一、加强农村优秀传统民间文化的保护

传统民间文化是基于本土应运而生的，体现该地区的历史发展变迁与文化发展进程，是当地人民审美观的外在表现形式。在农村社会中，历史上遗存的文化基因中的优秀因子将会伴随着乡村振兴的进程继而"复活"，走向"复兴"。因此，农村文化建设既要发扬基于本土的优秀传统文化，使农村文化建设彰显民族特色、地域优势与时代特质，又要在接纳吸收传统文化基因中的精华的同时，注重分析传统文化中已经过时的、与时代不符的"糟粕"部分，不能脱离社会与时代的要求一味追求历史传统，要处理好历史与现实、现实与未来的关系。

一方面，充分发掘各地文化资源，具有涵盖民俗文化、人文资源、民间艺术资源、革命文化、传统文化、红色文化、乡绅文化等各种文化形式。一般而言，文化资源可以分为民间艺术、民俗表演、民间工艺、民俗旅游等类型，民间艺术是指源自民间又投身于民间的非正规受训的艺术类型；民俗表演是指基于当地习俗、神话、故事改变的节目表演；民间工艺主要指手工艺的民俗工艺；民俗旅游指开发具有地方风俗特色的地域，发展成为旅游胜地，以特色文化带动经济的发展，将资源优势转化为经济优势，实现资源优势与经济优势并行发展的良好态势。

　　另一方面，用立法的方式保证文化产权与政府行政保护的双重作用。国家文化事业包含着地方文化资源，之前因为种种因素，对于地方文化的保护性并不到位。实际上，地方文化是相当重要的，体现地方历史变迁的文化标识，其脆弱性与多样性使得保护修复必须提上日程。比如河北的吴桥杂技，河北省人民政府和吴桥县人民政府两级政府双重保险，对吴桥杂技非物质文化遗产事业加以扶植，包括在演出的硬件方面、艺术生产与再生产的社会保障方面投入大量资金，为吴桥杂技走向世界提供了坚实的"后台"支撑。从公共政策的角度来看，各级政府在地方文化资源的可持续开发中所起的作用主要在于传承与保存两方面，地方文化资源的保护不能只局限在民间自身的修复上，应该上升为国家层面的政策体制保障。

二、辩证地继承和发展农村传统文化

　　乡村传统文化是聚居于农村地区的祖祖辈辈在滚滚历史长河的浪潮中，在总结物质生产与精神生产精华的基础上积淀下来的宝贵财富，具有传承性、沿袭性的特质，从乡村传统文化的历史变迁中可透视农村的风貌形态的变化与农民思想行为的转型。在传承的基础上发扬优秀的民族传统文化，要坚持善于对不同类型的加以区分，因为并不是所有传统的文化都是优秀文化，也并不是所有文化都能够对其发扬光大。对于珍贵的有价值的历史文化遗产遗迹，要进行修缮修复保护。要根据修缮成本与时代价值之间的关系确定是否要进行投入。

三、创新农村传统文化的发展思路

据住房和城乡建设部、国家文物局公布的数据显示，截至 2021 年 9 月，我国现有 487 个历史文化名村，312 个历史文化名镇，列入传统村落保护名录的有 6819 个。在新发展阶段，要秉承新思维新方法去规划农村文化的新发展布局。

要打造农村的文化品牌，整合农村地域的区位文化资源，以特色文化与精品文化为价值导向，带动农村全域的整合性发展。要创造兼具时代特色与农村色彩的文化产品，在继承农村传统优势文化的同时，也要善于借鉴、吸纳、消解其他层面的优秀文化。要给予政策、资金、人才、制度的保障，在农村开展文化活动一定程度上存在迟缓因素，而有了政府的各种资源保障将有利于推进农村传统文化的持续繁荣。

第四节　开发和挖掘乡村地方特色文化资源

乡村特色文化是经过时间长河洗礼"大浪淘沙"积淀的产物，彰显的是特定地域的历史人文，体现出独特的属性与可识别的属性。在农村文化产业化、链条化的态势下，农村的特色文化因其独特性正成为特色文化产业的重中之重。文化功能论认为，所有的文化现象都具有其独有的属性与功能，整个社会是一个大的功能统一体，社会中的某一个社区是一个小的功能统一体。[1] 激发

---

[1] 李金发. 旅游经济与民族村寨文化整合：以云南红河州慕善彝村为例 [J]. 西南民族大学学报（人文社会科学版），2011（3）：70.

乡村文化的活态性，让农村文化在服务农民生产生活中彰显出活态的文化价值功效。❶

一、打造地方特色文化品牌

"十里不同风，百里不同俗"讲的就是各地风俗习惯的差异性与原生性。由于我国农村地区幅员广阔的地理特点，加之民族众多混居的聚居特征，使得农村文化呈现出差异性与典型性特征。从而，农村文化产业依靠区域特色文化资源为根基快速成长，形成独具地方特色的文化名片。

规划好农村特色文化的发展。要想推进农村特色文化的持续发力与长期发展，要有目标、分步骤、侧重点地部署战略规划，坚持小目标与大目标、短期目标与长期目标相统一，对农村文化底蕴与文化现状必须要有透彻的了解，对于优势文化和特色文化要重点扶助推进，将优势产业文化打造成农村当地靓丽的文化风景线。

研发创新型文化产品。政府在推进农村文化产业发展的进程中发挥着极为重要且不可替代的作用。一方面，政府要通过政策优惠、资金援助、组织动员等优势推进文化产品的研发依托特色文化资源，由政府牵头鼓励、培育农村文化产品的研发单位和生产企业，有利于提升农村文化产品的高品质，有利于增强农村文化品牌的自主创新力与核心竞争力。另一方面，政府要引导农村文化产品的科技性与创新性，将科技化手段与技术化方式融入地方特色文化产业的研究、开发、成品等各个环节。

创新推广营销方式。农村文化产业品牌的"走出去"，在很大程度上要向宣传推广"借力"，要根据时代发展传媒的进步，注重拓展在文化品

---

❶ 李军明，向轼. 论乡村振兴中的文化重构 [J]. 广西民族研究，2018（5）：95－103.

牌推广过程中的多元渠道，让更多人了解文化品牌、接纳文化产品，甚至成为农村文化产品的"忠实爱好者"。

二、强化特色文化产业管理

为了向广大农村地区的经济发展注入更多的生机与活力，发展农村特色文化产业就成为时代的必需。农村特色文化产业是指对于广大农村地区独具特色的文化优势，进行深入挖掘、利用、开发、创新，从而达到规模化经营程度的一种产业类型。当前，我国各地农村的特色文化产业发展并不均衡，发展进程的频率也并不同步。有的农村地区特色文化产业发展较快，当地党委、政府、企业、农民等多元主体形成联动，利用当地的特有的文化资源，齐心协力助推本地特色文化产业，实践证明已经取得了明显的经济效益与社会效益，并且当地的特色文化产业正朝着蓬勃发展的态势前进。然而，还有一些农村地区文化产业发展态势较差，甚至有的农村地区文化产业发展不起来。有调研显示，农村文化产业的发展之所以会面临发展迟滞、缺乏亮点、消费动力不足的困境与窘境，最直接的原因在于对农村特色文化产业的管理不够。

一方面，政府要发挥对于农村特色文化产业的管理。在尊重市场价值规律的基础上，将各种资源合理有效配置，为农村特色产业文化的发展营造公平透明的市场交易环境。同时，政府要对农村特色文化产业提供有所保障的发展平台，并且对农村特色文化产品发展平台要加以管理、监督，尽量减少恶性竞争所造成的负面损失，保障特色文化产业之间的联合与各种资源的有效整合。

另一方面，建立农村特色文化的竞争与激励机制。农村文化的落后，既源于农村经济的落后，又造成农村经济的落后。要打破农村地区经济落后与文化落后之间的闭合，就要从开发农村文化资源的角度来破题。在开发、挖掘、利用农村地区的特色文化资源的时候，要秉持一种可持续发展的生态价值观，发展农村特色文化产业不能够仅仅局限于眼前的经济效益，还要着眼于眼前的文化效应与长远的社会效益。因此，要加快健全农村特色文化产业发展的合理竞争和有效激励机制，不能单纯地秉承"利益至上"的狭小格局，高度警惕与杜绝由于文化认知与素养的缺失导致的无条件屈从于商业资本的现象。

三、构建完整特色文化产业链

要想使农村特色文化产业能够在时间长河中可持续发展，就要形成一套具有系统性、稳定性的产业链，农村特色文化产业链必须具备资源链、人才链、资金链、体制链等一系列保障措施，能够在研发、生产、销售、运输的全过程做到井然有序。从当前我国广大农村地区文化产业投资现状来看，具有文化资源配置实力的文化投资者相对较为稀缺，往往大多数文化投资者，还是倾向于商人特质，为了短期的效益而往往舍弃长远的效益，导致供给资金时常不稳定甚至断裂的现象时有发生。资金链条的不稳定或断裂，会影响其他链条运转的速度与进度，加之农村特色文化产业人才链容易变动，加剧了农村特色产业文化产业的稳定发展。因此，农村特色文化产业的发展要通过各种资源的合理配置与有效整合加以保障，要通过人才、信息、资金、技术等要素的完善加以稳固。

要建立农村特色产业文化的产—学—研三者的协同联动机制，激发农村特色产业文化的创新动能。要利用好农村文化产业内的人力资源、物质资源、区位资源等各种资源，确保本地的特色文化产业发展具备人才、物资、体制等的有效供应。要统筹内外，建立农村特色文化产业集聚区，以此为龙头，拓展农村特色文化产业链的长度。

四、增强知识产权保护意识

随着农村特色文化品牌的建立，知识产权保护问题日益成为农村特色文化产业发展亟待面对的问题。农村特色文化中的创意产品、创新产品都属于知识产权的范畴。当前我国已经重视知识产权问题，并且在体制上也已经构建起知识产权保护制度，然而具体落实到农村文化特色产业、创意产业中，知识产权保护的意识和行为等方面还存在着很多问题。从知识产权认知的层面看，农村特色产业发展中往往存在注重创新创意而忽视了知识产权的保护。从知识产权保护制度的层面看，虽然国家已有相关方面制度，但往往是宏观层面的，具体到农村就难以落实。从知识产权维护成本的层面看，有的农村特色文化产业企业的确意识到自己的产品被仿制受到侵权，但考虑到维护知识产权的成本，如缺乏足够的律师、资金、精力等各种物质实力的支撑，企业往往存在"有口难言"的现象。这些问题都阻碍着农村特色产业、创意产业的发展与壮大。由此可见，保护知识产权日益成为农村特色文化产业企业的重点。

要增强知识产权保护的认知与意识。企业要有专利意识，企业的经营者与管理者要提高知识产权保护的认知，意识到自己企业独立研发、拥有的商标、专业技术、专利成果、核心技术等的重要价值。同时树立危机意识，了解知识产权被侵犯或者侵犯其他知识产权的危害，要普及知识产权保护法知识。由于文化水平与专业素养的限制，农村文化产业的从业人员没有相应熟知的法律体系知识储备。因此，要发挥宣传教育培训的作用，通过讲座、视频、授课等各方式提升他们知识产权保护方面的法律素质与维权能力。要建立系统的资料保管和保密制度。知识产权的泄露，还源于缺少专门的保管、保密机构。要从源头上解决知识产权泄露的问题，就要建立起专门的管理部门，并聘用专业的管理人员。

第七章　推进乡村绿色发展
实现人与自然和谐共生

生态文明是继农业文明、工业文明之后的第三种文明形态，强调的是人与自然和谐共生。在中华优秀传统文化中就孕育着生态观，《论语·述而篇》提出"子钓而不纲，弋不射宿"；《孟子·梁惠王上》提出"不违农时，谷不可胜食也；数罟不入洿池，鱼鳖不可胜食也；斧斤以时入山林，材木不可胜用也"；《吕氏春秋》提出"竭泽而渔，岂不得鱼，而明年无鱼；焚薮而田，岂不获得，而明年无兽"等观点。由此可见，乡村绿色发展观既是对马克思主义生态观的继承，又是对传统文化生态观的发展。良好的生态环境是农村最大优势和宝贵财富。在乡村振兴中，生态宜居是关键。实施乡村振兴战略要把营造乡村地域生产、生态和生活的"空间共同体"作为主线，实现乡村地域在生产、生态和生活上逻辑一致、价值协同和空间整合。

第一节　推进农业绿色发展

在乡村振兴中推进农业持续发展，要坚持生态文明观与可持续发展观，坚持促进节约型农业、生态农业与循环农业的发展。当前我国农业发展受到需求—资源—环境三者的束缚。一方面，农产品供给由过去的紧缺状态转向富足有余，供大于求的状态使得农业的发展受市场需求的约束变大；另一方面，各种污染问题对农业生产具有迟滞作用。土质、水资源、空气等各种被污染在很大程度上影响着农业产品的收成与品质。农业产品供求关系的调整，加之生态环境的污染，导致了农业的减产与农产品的变质。因此，应将农业生态与环境安全纳入农业标准化体系的建设中，保障农业经济的安全运转，实现资源节制与利用的动态平衡。

一、统筹农业发展与生态保护

"绿水青山就是金山银山"理念要求在自然资源承载力有限的条件下探索创新融合的发展之路。在"绿水青山就是金山银山"理念指导下推进现代农业发展，既要招财进宝，更要绿水青山。

发展是硬道理。农业发展必须以"绿水青山就是金山银山"理念为指导，保持生态环境承载力与农业发展规模的基本平衡，促进人与自然的和谐发展。

进入新发展阶段，建设现代农业对生态环境提出了更高的要求。

二、建设节约型农业

我国作为传统的农业大国，延续几千年的传统耕作理念受到工业化的冲击后，在悄然发生转型。农业可持续发展已经逐步替代传统意义上的小农经济发展，成为我国农业发展的主要方向。农业可持续发展理论早在

1992 年联合国环境与发展大会上就成为各国农业发展达成的共识，作为农业发展理论的最新阶段，是基于全球农业发展历程，根据历史发展、时代要求而提出的崭新发展战略。

目前，制约我国农业发展最主要因素是农业自然资源的相对短缺。推动农业增长方式的转型升级，是保持农业持续健康发展必然。因此，要在节约型农业上着力，在利用农业资源的同时要保护农业资源，在缓解农业资源供需之间保证农业发展的绿色循环。推动农业的生态节约型建设，发展农业清洁生产，改进传统"粗线条"模式，充分开发、利用诸如水能、光能、风能等可再生能源，同时创新沼气、秸秆等生物质资料的利用率，有利于解决农业生产中的投入与产出的矛盾、利用与转化的矛盾，有利于农业生态的可持续与农民增收的可持续。新发展阶段要继续推进节约型农业建设。

提高耕地集约化利用水平。一是推进耕地质量提高，对于中产、低产田要及时改造，向高产田转型；对于农业基础设施进行升级，创新机耕道路、灌溉水利模式；推广农业技术，耕地培肥、保护性耕作技术等。二是对于耕地质量管理，对于耕地要建立系统的把握，全面调查耕地地力，将技术融入耕地情况的监测网络，实现耕地质量管理的科技化与动态化。三是对于旱作地区，根据旱作地区的现实基础，因地制宜选择种植作物，种植产区投入旱作节水技术，提高旱地综合生产水平。

提高农业投入品的利用效能。一方面，推进农业装备节能，目前农业装备能耗的重点还在于农业机械上，应该降低农业机械耗能的比重。另一方面，推行施肥的高效化与节能化。投入研发使用高强度、低残留的新型农药，使用新型施药器械喷洒农药，创新施药方式以减少农药的剂量，促进农产品的高安全与优品质。

发展集约生态养殖业。传统的畜牧养殖业对于饲料能量等消耗是比较高的，在地质气候适宜的地区发展畜牧养殖业的生态化集约化高效化，以降低能源饲料资料的耗能。在草原地区开拓轮牧区建设，创新半舍饲、舍饲圈养技术等。在沿海地区，利用水域优势发展渔业资源，促进水产养殖业的生态化与节约化水平。

切实加强农村能源利用。发挥沼气在农村的独特优势，建设农村大中型沼气工程，提高沼气在农村的利用广度。开发、创新、利用农村广阔的可再生能源，如风能、水能、生物质能、太阳能等。发挥乡镇企业的动力优势，推动乡镇企业在建材、电力、轻工业、农产品加工业等方面的清洁生产与降低耗能。

三、发展循环农业经济

农业生产作为自然再生产与经济再生产相统一的产业模式，应该协同推进自然生产力与生态生产力的统一。传统农业是建立在单一化的生产模式基础之上，一方面有利于农业生产的机械化与规模化集聚，另一方面却带来了土地污染、土壤肥力降低、农产品减产等问题。因为传统农业生产模式是粗犷的掠夺式开发生态环境，一定程度上形成了掠夺 – 修复 – 再掠夺的恶性闭合循环。根治传统农业生产模式的弊端，就要大力推进循环农业。循环农业作为农业现代化的新模式，体现着环境友好、资源节约的价值理念。具体而言，循环农业是指从生态学的角度指导农业生产，旨在推动农业经济形态的转型升级。这种新型的农业发展模式要通过生态稳定与经济发展的动态均衡体制来维系运转，实现农业经济活动与生态系统良性循环的协调一致。循环农业有着一般循环经济的以下三个共同特征：一是减量化，将污染物的排放量减到最低、将农业生产与农业再生产的耗能降到最低。二是再利用，对农产品的原始状态进行加工，对于农业加工产品进行再次加工；对提高农产品加工副产品剩余的物质残渣，将废弃物变废为宝，"化腐朽为神奇"；提高服务农业的生产资料产品的利用效能，减少一次性用品的高耗能与高污染。三是再循环，农业产品、农业加工品、农业半成品、农业废弃物等都能够重塑为再生资源。循环型农业注重的是农业发展中的生态耦合效应，大千世界中的万事万物存在着互补互为的关系。比如生物质经济，支持农业副产品的循环利用加工，体现的原则就是利用了农业生产中的生态耦合效应。当前在农村地区推行的沼气，利用的就是农作物的秸秆资源而发挥出的优势。对于农产品初加工后的副产品、有机废弃物进行深度加工，实质就是在与农村实际相适应的增值增效模式。进入新发展阶段，要继续发展循环农业。

增强"循环意识"。在农村地区农民认知的转变与提升，最主要的途径来源就是增加宣传。因此，要广泛深入地向广大农民宣传发展循环农业的重要意义，将循环意识真正深入农民的生产生活实践之中，实现生产观的循环再生资源利用、价值观的人与自然和谐共生、发展观的可持续可发展、消费观的绿色理性消费，将循环意识投入到农业发展的循环模式中，利用"再循环""再利用""减量化"等特征经验打造农业产业再升级，促使农业系统在自然生态大系统的包围下良性循环。

出台优惠政策。从新技术层面，推广秸秆气化、养蓄、发电、固化成型等技术，开发、利用生物质材料与生物质能源等，培育、扶持生物质产业的兴起；推进节约型农业的发展，包括节水、节药、节地、节种、节肥等，积极投入使用节油、节电型农业机械与低耗能型农产品加工设备，降低农业投入成本的同时提高农业投入品的利用率与转化率。从制度层面，要推动农地产权制度与流转制度的改革与重塑，放大、放活农民对于土地的承包、流转的支配权力，防止、杜绝对于土地的粗放式、掠夺式、无节制地经营开发，使得土地达成适度的集中与土地投资的长期性。要完善农村金融体制，通过贴息补助、保险服务、小额贷款等多元方式，鼓励、引导更多的企业和农民加入到循环农业体系之中。从机构改革层面，政府通过设立循环农业发展基金，加大对于循环农业的财政支持力度；设立综合性支持循环农业的政策性保险机构，在政府的监督管理下，为循环农业的发展提供保险保障。

强力构筑技术支撑。循环农业之所以能够起到对于传统农业的根本性颠覆作用，关键因素在于循环农业中注入了现代科学技术的支撑，包括系统工程技术、生物工程技术、现代信息工程技术、人工智能等。站在现代化产业与先进科技基础之上的循环农业，与我国创新驱动发展战略相契合。新发展阶段要进一步发展循环农业，就要着眼于节能与环保并重的新型农业技术，重点推广可再生能源研发使用技术、废弃物综合利用技术、农业产业链接技术等，将农业科技升级为产业化的高度，加强对于农业科技的管理、监督、组织等方面的创新，在实践中继续探索农业科技的体制创新与模式创新，充分发挥农业科技带来的集成效应。

完善循环农业的保障体系和社会化服务。国外推行循环经济的实践证明，循环农业发展的关键因素在于建立健全农业发展循环经济保障体系。因此，一方面，要创新农业方面的体制机制，建立促进循环农业发展的法律体系，出台有利于发展循环农业的社会政策，建立循环农业的相关组织，建设发展循环农业必备的基础设施与管理体系，为循环农业的有效运转营造良好的发展氛围。另一方面，从农民的角度，要强化农民终身学习教育的意识，通过教育培训为广大农民提供精准全面的市场信息，使农民在追求技术效益与市场效益的同时，不断增强环保意识与生态效益。

四、促进生态农业发展

生态农业主要是指在保护生态、改善环境的基本原则的指导下，遵循生态学、生态经济学的基本规律，将现代农业科技投入其中，利用系统工程方法的一种绿色产业模式。集约化经营的农业发展模式，是指在经济学与生态学原理的指引下，在传统农业的有效基础上，加之运用现代科学技术的先进成果与现代化的管理手段的一种现代化农业，兼具社会效益、经济效益与生态效益的有机统一。对于生态优势明显、生态资源丰富的地区，生态价值和绿色发展潜力巨大，要多措并举促进生态优势向经济优势转化，充分挖掘农业的多维功能，尤其是生态功能、景观功能、休闲功能、文化传承功能等，大力发展生态农业、休闲农业、观光农业、创意农业等，推进农业的景观化改造和产业链多维延伸，实现农业的纵横向融合和一体化，促进农民增收、农业增效、农村增绿。❶

生态农业的出发点与落脚点的共同之处在于都是聚焦于系统的整体功能。整体功能的衡量标准包括经济效益、社会效益与生态效益。一是经济效益，即发展农业生产，实现农民增收创收，达到共同富裕；二是社会效益，即满足人民对于日益增长的多元化、高品质的农产品及农产品加工品的需求；三是生态效益，即健康安全优美的生态环境。生态农业具有统筹全面、系统协调的特点，要将整个农业系统的全部资源纳入考量范畴，对于系统内部的土地资源、人力资源、矿物资源、人力资源等各种资源加以统筹、合理规划发展布局，因地制宜利用、发展促进系统结构的优化，使得各要素之间协调共存，旨在促进农业系统的整体性功能的发挥。生态农业系统兼具"自然性"与"人工性"的双重属性，有自身的独特点。一方面，从自然的属性来看，生态农业系统是生物圈的构成部门，因此，具有生物圈的共性特质，正是因为兼具生物圈的共性特质，成为生态农业系统得以存续并发展的基本。另一方面，从人工属性来看，生态农业系统作为一种人工生态系统，相较于生物圈的范围，生态农业系统的空间范围相对

---

❶ 廖彩荣，翁贞林，郭如良，等. 乡村振兴战略："五个振兴"、制度创新与国际经验："乡村振兴专题论坛"综述 [J]. 农林经济管理学报，2018，17（5）：622－628.

狭窄，成为更加独特的构造，因此具有专属特性，即社会性、综合性、因地制宜性、选择性、稳定性等。由此可见，生态农业作为一项长期性、长远性的系统工程，对推进乡村农业振兴具有重要的时代价值。进入新发展阶段，要继续推进农村的生态优势转化为经济优势与生态优势并存，提供更多更好的绿色生态产品和服务，促进生态产业与绿色经济能够良性循环。

生态农业发展的根本在于党的领导，关键在于政府的引导。在生态农业建设过程中，要切实加强党的领导，主要体现在生态农业布局的前景与方向，各级党政部门要强化发展生态农业的意识，在制定相关政策时要注重从鼓励、支持、扶助的方面出发，以政府公信力为社会、企业、农民等多元主体积极投资生态农业提供担保。

增强农民发展生态农业的主动自觉认知，培育新发展阶段高素质、专业化、懂技术的新型农民。生态农业作为兼具经济效益与生态环保的双重属性，在实际投入中能够促进生态良性循环和有利于资源环境保护的农业生态体系，从理论上看，生态农业是适合我国国情的具有科学性与价值性的农业模式。在当前生态农业具体实践中，部分农村地区还处于传统的农业模式状态，基层干部、农民对生态农业的概念都很陌生，没有意识到或者不知道生态农业的重要作用，更不要说在实际中发展和推进了。因此，要发挥中国共产党特有的思想政治和教育优势，向广大基层干部与农民宣传、普及、教育生态农业的优势，同时要树立忧患意识，防范由于环境破坏、生态污染而给农业生产带来的显现危机与潜在威胁。广大农民作为建设生态农业的主力军，要给予农民学习、培训接受技术教育与农业教育的机会与途径，通过再教育、二次培训等形式不断丰富农民的农业知识，加快对于农业生态新模式、新思维的认可度。

要加大农业污染防治力度。大量农药化肥的过量使用，表面上增加了农作物的产量，从长远来看，储存在土壤中的农药、化肥等的残留物给土质带来了极大的危害，甚至土壤中的污染物渗透到地表水中，引起水污染等，因此，要减少农药化肥的使用量，选择高效无害化绿色肥料；同步推进沼气建设、农村改厕、改圈、改水等，完善规模养殖场粪便净化、工业生产污水净化处理、生活污水净化处理等，减轻对于农业生产的污染面源；在过度开垦的地区进行退耕退牧还草，实现生态调息的自我修复。

第二节 加强乡村生态保护与修复

实现美丽乡村的中国梦需要的是制订生态型发展战略规划，以生态文明和持续发展为原则，加强乡村生态保护与修复。

一、统筹山水林田湖草沙系统治理

生态系统方法（Ecosystem Approach，EA），也称为"综合生态系统管理方法"（Intergrated Ecosystem Management，IEM），最早出现于20世纪70年代，是美国五大湖流域管理与森林管理在探索如何与自然协调发展的过程中发展形成的管理思想。综合生态系统管理指的是对于自然环境与自然资源的综合管理的方式，其基本要求是要综合考虑自然环境、生物、自然资源、经济、社会等的需求与价值，统合对待构成生态系统的各个因素，综合运用社会、市场、行政等层面来解决生态保护与资源开发的矛盾，旨在生态效益、经济效益、社会效益的统合发展，最终达到人与自然的和谐。综合生态系统方法的理念就体现在我国生态文明法治建设中，即"山水林田湖草沙是一个生命共同体"❶。

在乡村生态振兴中，要把山水林田湖草作为一个生命共同体，进行统一保护、统一修复，这是对综合生态系统管理理念方法的应用实践。其中有如下三项基础性工作。

1. 扩大植树种草规模

对于干旱地区来说，植树绿化、植被面积的扩大有利于当地区域性气候的良性化与稳定化，自然就有利于提高农业生态环境。从营林方式的角度来看，过去由人工造林升级为封山育林为主，国土绿化步伐提速提质，植被覆盖率、森林覆盖率不断提高。在生态系统建设的过程中，不能忽视草原建设的重要性，轻草重树在当前很多地方经常会出现，应该协调推进草原建设与天然林保护同步推进。

2. 保持水土的稳固

践行分区域综合防治的战略策略，明确划分重点预防保护区、重点治理区、重点监督区，根据不同程度的区域制定不同的保护修复对策。重点预防保护区主要包括水土流失程度比较轻、林草覆盖率面积比较大的地方；重点治理区包括原生水土流失特别严重，并且水土流失直接造成了本地及下游地区严重水土流失的危险地带；重点监督区则包括资源开发、基本建设活动相对比较集中造成对于原地质地貌的损坏、水土流失较为严重的地域。为了减轻水旱灾害的影响与损失，就要坚持以县域为基本单位，小流域治理为基础，调整保持加固水土的相关配置设施，推进小型水利工程建设。发展节水灌溉，有效管理、利用水资源，严防无节制开发浪费水

---

❶ 蔡守秋. 从综合生态系统到综合调整机制：构建生态文明法治基础理论的一条路径 [J]. 甘肃政法学院学报, 2017（1）：1-4.

源、污染水质而带来的生态破坏。

3. 加快治沙止漠

目前，我国土地沙化形势比较严峻，在新发展阶段必须注重防沙治沙以增强生态环境。要认真总结过去防沙、治沙的成功经验与防沙、治沙失败的教训，根据各地的新情况，部署明晰的工作思路与工作战略，将保护生态、保留原貌摆在优先位置，以预防沙尘等突发灾害为主，将防止与治理两者相结合，在防治过程中，要坚持系统谋划，有重点、分批次、分阶段的循序推进。要加强防沙治沙的法治建设，明确各方责任机制并严格执行，做到有人担责、有责必追的机制，为遏制土地的沙漠化、缩小沙漠化面积与降低沙漠化速度、构筑绿色天然屏障提供坚实的人力资源保障。治理方式依据各地的气候资源、地理位置、水资源、矿产资源等生态资源的不同状态而采取不同的对策。比如在沙漠边缘地带，要有效遏制流沙的蔓延规模与速度；在沙化土地的地域，通过植树造林种草等，扩大地表的植被绿色覆盖率，构建完善的防风固沙体系。

二、加强农村突出环境问题综合治理

近年来，我国持续推进美丽乡村建设，取得显著成效。但也要看到，不少农村仍然存在生活环境脏乱差、饮用水存在安全隐患等环境治理问题。农村生态环境治理应当与时俱进，学习贯彻习近平生态文明思想，采取多元共治措施，对农村生态环境开展系统工程性治理。

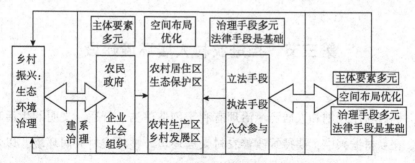

图 7 - 1　乡村振兴生态环境治理❶

在乡村振兴中，要推广应用低残留、可降解等新技术，减少农业面源污染，实现投入品减量化、生产清洁化、废弃物资源化、产业模式生态化。推进有机肥替代化肥、畜禽粪污处理、农作物秸秆综合利用、废弃农膜回收、病虫害绿色防控。加强农村水环境治理和农村饮用水水源保护，实施农村生态清洁小流域建设等。

三、建立市场化多元化生态补偿机制

持续推进我国生态保护补偿机制建设。逐步扩大市场化补偿范围，加大投入力度。不断提高生态产品品质，优化生态服务供给。建立以政府为主导，企业和社会共同广泛参与的市场化运作的生态补偿机制，确保生态保护补偿机制可持续运行。

在乡村振兴中，要落实农业功能区制度，完善生态保护成效与资金分配挂钩的激励约束机制。健全地区之间、流域上下游之间横向生态保护补偿机制，探索建立生态产品购买、森林碳汇等市场化补偿制度。

---

❶　温暖. 多元共治：乡村振兴背景下的农村生态环境治理 [J]. 云南民族大学学报（哲学社会科学版），2021（3）：115 - 120.

第三节　推进农村人居环境建设

搞好村庄规划和人居环境治理有利于创造整洁、舒适、文明的生活环境。在乡村振兴中，要持续改善农村人居环境。整治农村人居环境，以农村污水处理、垃圾处理、生态修复等为主攻方向提升村容村貌，整合农村各种优势资源，有效治理农村人居环境方面的突出矛盾与问题。在农村地区继续推进"厕所革命"，改造旧的农村户用卫生厕所与建设公共卫生厕所，实施粪污无害化处理。根据区位特点推进治理模式的转型，如北方地区的广大农村逐步降低散煤的高耗能，有序推进煤改电、煤改气等再生能源、新能源的研发与利用。要落实农村低收入和无收入群体的基本生活、住房、医疗等方面的保障。在村庄治理方面，要进一步改造"空心村"，在改造的过程中将新建房屋管控到位，防止乱圈、乱建等现象的发生，同时要注意保护好农村的传统特色建筑，保持清洁美丽的村容、村貌。

一、继续推进"厕所革命"

改厕这件"小事"，关系着大民生，农村"厕所革命"是美丽乡村建设的重要内容，是改善农村人居环境的重点环节。

在实践中，改厕这项工作能补上农民群众生活品质短板，提升卫生习惯，倡导文明风尚，而且大大改善农村人居环境，将带来生产生活方式、村庄面貌和村民风貌的巨大变化。新形势下，农村改厕问题要做好，必须从思想认识、文化观念、政策措施、体制机制等各方面进行一系列广泛而深刻的变革。

二、农村垃圾污水治理

在乡村振兴中，农村垃圾污水治理的重点应放在排水设施、污水处理设施、垃圾转运及处理、饮水卫生安全、人畜混居等突出问题上。

生活垃圾一般分为有害垃圾、厨房垃圾、可回收垃圾、以及其他垃圾等四大类。近年来，农村社会生活垃圾产生量快速增长，成为农村生活环境污染的重大问题，是农村生态环境治理的重点之一。目前在农村中，主要通过综合利用、卫生填埋、焚烧和堆肥等方法处理农村生活垃圾。但是，由于很多农民的生活观念依然没有改变，生活垃圾处理难以引起人们足够的重视。由此可见，农村生活垃圾的处理仍是一项长期、艰巨的工作。这就需要作好以下几个方面的工作。

提高农民环保意识。近年来，农村经济发展水平得到一定提高，人们的素质也有所加强，但还有相当一部分人环境意识较为淡薄，难以在思想认识上得到统一和改变。因此，需要加强生态环保方面的科普知识教育和宣传，塑造环保个人或村庄典型，发挥示范带动作用，逐渐增强农村的环保意识，让农民养成科学地处理生活垃圾的习惯。

加强垃圾分类回收。据相关研究表明，农民生活垃圾中有三分之二以上的废弃物是可回收利用的。我们需从源头开始抓起，加强农民对垃圾分类、垃圾处理等相关知识的培训、宣传、操作。可将农户家里的树叶、泥土、尘灰等可降解垃圾采取生物堆肥的方式在生态堆沤池中进行储存、发酵，转化成有机肥料，还园还田。可将建筑垃圾、废渣等不可回收、不可降解的垃圾集中于不可回收垃圾中转屋，由专人将垃圾进行分拣再利用或转运至指定的不可降解地方进行进一步处理。其余的有机垃圾可以通过快速发酵的方式，转化为肥料回归农田。通过加强农民生活垃圾分类回收，有力地推进农村的环境保护进程。

建立农村生活垃圾集中处理体系。要求村民将自家垃圾分门别类，建立"户集—组分—村运—县（镇）处理"的农村生活垃圾生态处理体系，最大限度地解决农村生活垃圾生产快速增长和处理难的问题，最大限度地实现农村生活垃圾资源化再利用的目标。

完善农村污水处理设施。多年来，农村生活污水处理难问题严重影响农村的生活饮水安全。应加大农村生活排水设施投入力度，实现集中排水和污水处理。

强化农户水源改革工程，实现农村家家户户饮上自来水，加强自来水源地保护，让农户放心地喝安全水。

三、培养农民低碳生活习惯

随着生产物质条件、生活品质的提高，发展为人们带来幸福感的同时却给环境带来了双重影响。因此，要开启低碳生活，对普通人来说，低碳生活既是一种生活态度与生活方式，也是一种可持续发展的环保意识与保护责任。低碳是指较低的温室气体的排放，主要是以二氧化碳排放为主。低碳生活可以理解为减少二氧化碳的排放，低能量、低消耗、低开支的生活方式。

在乡村振兴中，要以《公民生态环境行为规范（试行）》为依据，引导地方党政、村"两委"干部、农业经营主体主动学习环境科学和风险防控知识，全面提升各类主体生态文明素养，自觉成为美丽乡村建设的倡导者、参与者和示范者。

在推进乡村振兴中，农民低碳生活习惯的培养与形成至关重要。从能源消耗的层面，要节约能源资源。节约用水应做到使用节水型洗衣机、灌溉技术等；节约用电应做到人走断电，既安全又节能；节约材料应做到杜绝木材的滥伐、河沙的滥挖等。从消费的角度应做到要践行绿色消费。应减少一次性消费品、包装过度商品的购买与使用，选择耐用的高质量产品，用布袋、自带购物袋等代替塑料袋等。从出行的角度来看，选择低碳绿色出行。步行、骑行等方式既绿色环保又锻炼身体，减少农村摩托车、三轮车等高耗油工具的使用，家庭汽车尽量选择新能源型、低耗能型车型等。从污染源的层面来看，应减少污染的产生，垃圾有效分类。在农村推行垃圾分类，将垃圾分类相关知识宣传到位，通过监督、奖惩等机制，确保垃圾的有效处理；禁止随意就地焚烧秸秆、垃圾等，严格禁止农村造纸厂、油漆厂等随意排放不加处理的废水废气。

推进乡村绿色发展，实现人与自然和谐共生，关键在于"构建"，构建的关键是要做到知行合一。生态问题与人们对待自然的行为紧密相关，生态问题并不是生态本身的问题，而是人们的行为方式问题。文明关系到人们的行为和品格，人们非绿色、根本违背自然规律的行为方式是引发生态危机的重要根源。❶ 构建人与自然和谐共生的绿色经济社会，要确立中国共产党是构建人与自然和谐共生的领导者，政府是组织者，企业是生力军，人民是主体，加快构建组织领导有方、动员实施有力、举措落实有效的现代生态环境治理体系，促进人与自然和谐共生的绿色经济社会在各行主体共同努力下持续健康发展。

---

❶ 方世南. 绿色发展：迈向人与自然和谐共生的绿色经济社会 [J]. 苏州大学学报（哲学社会科学版），2021（1）：15 – 22.

第八章　振兴乡村组织　推动乡村善治

新发展阶段全面推进乡村振兴，基础就是实现治理有效。乡村治理作为国家治理系统的一部分，承担着广大农村地区系统的有效运转。因此，必须进一步构建与完善由党委领导之下的政府负责、公众参与、社会协同、法治保障的社会治理体系。

第一节　筑牢党在农村的执政基础

塞缪尔·P. 亨廷顿在《变化社会中的政治秩序》指出，"处于现代化之中的政治体系，其稳定取决于其政党的力量"，政治动荡无序常常伴随着"政党力量的式微、群众支持的消失，组织结构的衰弱。"❶ 现代国家的基层治理需要强大的政党力量进行巩固，以确保政治上层建筑的稳定运行拥有广泛的合法性基础。基层党组织是实施乡村振兴战略的"主心骨"。村党组织自身力量的强大是乡村善治和乡村振兴的根本力量，为了实现对

---

❶ 塞缪尔·P. 亨廷顿. 变化社会中的政治秩序 [M]. 王冠华，刘为，等译. 上海：上海世纪出版集团，2008：341.

乡村治理的有效领导，村党组织也需要强化自身建设。❶ 在推进乡村振兴过程中，要从"以党建促进脱贫扶贫"升级为"以党建促进乡村振兴"，加强以党组织为核心的农村基层组织建设，完善现代乡村治理体系。

一、发挥农村基层党组织的战斗堡垒作用

农村基层党组织领导核心地位，主要体现在以下四个方面。第一，是确保党的路线方针政策在农村得到贯彻落实的领导核心。第二，是农村各种组织的领导核心。第三，是农村各项工作的领导核心。第四，是团结带领农民群众建设美好生活的领导核心。进入新发展阶段，坚持和发挥农村基层党组织的领导核心作用，要注意把握好以下三个方面。一要切实强化农村基层党组织的政治引领功能，紧紧围绕乡村振兴这个目标，团结带领农村群众坚定不移跟党走。二要切实加强对群众的教育引导。三要切实加强对村级各种组织的统一领导。

二、高质量党建引领农村服务型党组织建设

进入新发展阶段，要以党建促乡村全面振兴为抓手，以高质量党建引领农村服务型党组织建设。

1. 推动农村党组织高质量建设

要想把党的基层政策具体落实到基层，团结凝聚广大农民"力往一处

---

❶ 曹海军，曹志立. 新时代村级党建引领乡村治理的实践逻辑 [J]. 探索，2020 (1)：109 - 120.

使"，最终赢得乡村全面振兴的赛跑冠军，就要不断推进农村基层党组织的建设，充分发挥基层党组织中的党员干部成为推进乡村振兴的关键"主心骨"作用。

构建"五级书记"协同工作格局，选好"领头雁"。"火车跑得快，全靠车头带。"村支部书记可以看作是"神经末梢"，肩负着村庄稳定、村民富裕、村内生态保护等方面的重担，是促进本村庄健康有序发展的带头人与实干家，是党与群众联系的坚固桥梁。因此，村支部书记最基本的素质就是要始终政治坚定、作风正派、业务精通、纪律严明、为人忠诚，这样才能赢得广大农民的信任与组织的放心。从选配干部的角度来看，在新发展阶段，对于农村的党支部书记的选用要不断打破原有的、传统的宗族式的、贿选式的非正规方式，要严格遵循选举流程。为营造透明公开、平等竞争、择优选任的优良竞争环境，必须严格践行"三推一审一选"的选拔程序，"三推"指的是群众推荐、党员推荐与组织推荐，"一审"指乡镇党委的审查，"一选"指的是由党员大会选举。在新发展阶段，农村带头人的素质水平很大程度上决定着整个村庄的发展模式与发展进度，要着力吸引城市务工人员、高校毕业生、机关企事业单位优秀党员干部到村庄担任一定的职务，发挥自己的优势才干，为农村发展贡献力量，优化提升农村带头人的整体能力素养。从广大农民的角度，这样做有利于保障广大农民积极行使自己的权力去选举自己满意的村支部书记，有利于增强认同感，并在实践中积极参与村庄建言献计、监督干部；从组织的角度，有利于选优配强政治素养高、能力素质强、道德品质高的优秀人才担任村支部书记；从党支部书记这一群体的角度，有利于进一步完善自我的不断进步，承担起群众满意、组织信任、无愧党的必然要求。

增强领导班子整体能力。领导班子建设能力的好坏决定基层党组织战斗力的强弱。因此，在新发展阶段，要不断调整与优化农村干部领导班子的构成，增强基层干部成员之间的耦合性，通过教育、再教育、培训等途径促使农村领导班子成员的认知、素养、能力等各方面得到提升，使农村领导班子的"桥头堡"优势发挥于乡村振兴的全过程。

加强农村党员队伍建设。全面从严治党向农村基层延伸，全面从严治党在农村有效落地，就要不断建设于优化农村地区的党员队伍。目前，农村党员队伍普遍存在着"老龄化"现象：一方面，由于党员名额较少，另一方面，由于广大农村地区的"空心潮"，年轻人全部外流。要吸引广大青年农民加入党员队伍，有利于增强农村地区党员队伍的活力与创造力；要对农村党员进行日常管理，定期开展教育培训，严格落实党的组织生活制度，确保农村党员队伍先进性、纯洁性的统一。

2. 全面提升农村党员干部的服务意识

服务型党组织的构建的核心要义就是"服务"，以服务为价值宗旨，上级党组织领导下级党组织的同时要服务下级党组织、党组织领导党员的同时要服务于党员、党员要服务于广大农民群众。农村基层干部要牢固树立服务发展、服务群众、服务党员的意识。工作重心要下沉，将党的富民惠民利民的各项政策落实于民，工作的全部重点与终点本质上就是为民谋利、解民忧虑，着重解决群众最为关心的就业、上学、养老、住房、医疗等问题，真正将人民的事情当作自己的事情来办，变"隔心墙"为"一家亲"，创新基层社会治理的方式和途径，主动化解社会中的显性矛盾与潜在危机。要发挥好党员的先锋带头作用，做好"领头雁"，引领广大党员干部心往一处想、劲往一处使，推动党的路线、方针、政策落地生根。

3. 切实提升服务能力和水平

新形势下，农村基层党组织要把服务作为鲜明主题，不断提升服务能力，更好地服务农村发展。

一方面，要促进农村党员干部队伍建设，提升广大农村党员的服务意识与服务能力。扩充农村党员队伍的专业知识，吸引各类大学生、城市务工人员、村庄能人等回乡任职，在人才队伍专业化、高素质的基础上，带领广大农民转型现代化农业思维，运用现代化农业技术，不断促进农民的增收创收，提高农民的幸福指数与富裕基数。鼓励、引导、支持村党组织"领头人"积极开拓创新、不断创业的主动性，村党组织书记率先亮身份做承诺，利用农村基层党员干部的创优竞赛等形势，推动广大农村党员的争先创优参与，将政治理想内化为自觉行动，将农村的发展与农民的幸福作为自己的行动方向盘。激发农村党员队伍中的朝气与生机，为了进一步激发农村党员干部服务农民、奉献农民的热情与斗志，要在做承诺的基础上发展为一个完善的有保障的流程模式，即公开承诺之后，要设立追踪体系，将量化考评、定性测评、严格审核管理、全过程监督等作为一套完善的流程体系加以运用。

另一方面，要加强技能培训。定期开展全体党员政治理论、农村政策、法律法规等培训，定期进行业务技能培训，建立实践培训基地，定期组织农村党组织班子成员实践锻炼。

4. 不断拓宽服务渠道

拓宽服务渠道是服务型党组织建设的一个重要方面。一方面，要加强组织架构设置，切实完善服务网络。要主动适应城乡协调发展新形势新要求，着眼于构建城乡统筹基层党建新格局，不断创新农村党的组织设置，密织农村党组织和党员联系服务群众网络，架构起农村服务组织体系的全覆盖，伴随农民经济产业方式的转型与农村社会组织结构的升级，打破村庄之间、城市与农村之间、行业之间、地域之间的分界线，把党组织覆盖延伸到个体工商业、种养业、农民专业合作组织等农村各领域中，构建以农村党委（党总支）为统领、以服务农民为基本价值取向的农村服务型党组织体系。采用"村与村联建""村与企业联建"等方式，采取"支部＋

协会""支部＋基地"等模式，有效打造城乡基层组织体系的互能互补性与广泛覆盖率。另一方面，要加强工作载体创新，切实拓宽服务方式。农村基层党组织要积极适应工作职能由管理到服务的转变，如建立点题服务制。可以组织市、镇街、村三级所有在编在职的党员干部职工，结对联系包点农村和农民，及时提供服务；如推广"群众主体工作法"，充分发挥村、镇、区三级公共服务网络的优势，实行镇—村—组—党员的系统"代办制"、农村党员服务岗、农村干部"坐班制"等，使得农村基层党组织与党员干部参与为农民代办证件证明、农村医疗、电子缴费、养老保险等事关民生事务，将农村党员干部的服务水准提升至农民事务的各方面全领域；如建立公开承诺制。组织村内党组织和党员结合各自职责和服务事项，每年年初进行公开承诺，接受群众监督。

三、加强村"两委"运行机制探索

中国共产党农村基层党组织与村民自治委员会简称为我们所熟知的村"两委"，即村支部与村委会。村支部与村委会作为我国最为基层的组织，在农村发展全过程中发挥着不可替代的独特优势。《中国共产党农村基层组织工作条例》明确了全面领导农村各组织与全部工作的是党的基层组织。村支部作为上级党政机构组织负责联系基层农民的主体力量之一，既是中国共产党领导农村治理的主要载体，又是推进乡村振兴实现乡村治理有效的引领者。❶ 1998 年 11 月 4 日正式通过的《中华人民共和国村民委员会组织法》的第二条明确规定："村民委员会是村民自我管理、自我教育、

---

❶ 刘华，王观杰. 农村基层党组织的治理逻辑及能力建设：基于治理主体多元化视角的分析 [J]. 江苏社会科学，2018（6）：68－75.

自我服务的基层群众性自治组织。"村民委员会（以下简称村委会）作为村民自治的重要载体，广大村民直接选举村民委员会的成员构成，村委会成员就成为广大村民的全部利益与需求的代表者与发声者。

前些年，部分农村地区出现很多矛盾，由于村党支部与村民委员会对各自的职责、义务、地位存在模糊的认知，往往"两委"之间互不相让甚至关系对立的情况时有出现，导致了在农村开展工作不协调与混乱状态。具体体现在各管各的事，各唱各的调，各拉各的人。村党支部与村民委员会表现出"行政化"的态势。我国明确规定，基层政府与村干部之间并不是"上令下行"的支配关系，但随着国家治理任务的下沉，政府管理的职责逐渐落实，基层政府与农村干部之间的联络越来越多，之间存在的连带责任使得两者就像"一根绳上的蚂蚱"，加之村党支部与村民委员会的部分经费来源是上级财政拨款，经济利益促使某些农村干部暴露出"准行政化"的特点。

进入新发展阶段，要选优配强村"两委班子"，加强村两委运行机制的探索，提升二者的工作合力。

明确村"两委"职能定位。村党支部主要承担的是领导作用；村民委员会主要承担管理农村的公共事务与经济事务。村党支部的"领导"表现在农村发展全局的战略指导之把关定向上，在村庄重大问题的决策与制定上，是支持而不是接入，是领导不是包办，是监督不是挑刺。同时，具体的任务实行、处理应该分派给村民委员会，由村民委员会正常推进各项工作的开展与落实。这意味着村党支部和村委会要形成良性的联动互通互信，在乡村振兴的进程中离不开两委的通力合作。

在职数设置上，要坚持精简、统一、效能原则，组织书记兼村委会主任，两委委员尽可能实现交叉任职；组合结构上，充分考虑文化程度、年龄、性别等结构因素，按照"智能互补，专业配套"的原则，合理配置组织班子群体，形成又红又专的领导班子。

为解决村"两委"争权夺利，要建立健全农村理财机制。一是从财务审批的角度，过去全权在村委会主任的手中，村委会主任一道工序审批供需，现在转变为由村党支部书记—村委会主任—村理财小组代表三者的集体签名三道工序，每月村民代表会议审议财务，并且要进行公开公示，程序上的协调联动确保了财务的公开透明。二是从农村干部任期的角度，完善村干部任期离任的审计制度。村委会主任、村党组织书记、村会计等任何村干部在离任之前，要依法依规进行经济责任审计和任期财务清理，并将审计结果在全村中公示，确保广大农民的监督有渠道有落实，而不仅仅停留在只说不做的形式上。

对于村"两委"干部的政绩评价，要纳入农民的意见与监督，对于驻村干部，所做成绩也要纳入群众满意度与认可度评价体系，完善村级民主议事会制度，发挥党代表、党员、农民的监督渠道、方式与保障机制。

抓好"两委"班子考核管理工作。将村"两委"工作任务具体化为责任指标，内容应包括党的建设、经济建设等。指标的制定要坚持定量与定性相结合，目标明确，这样便于分解监控、考核评价。要把各个项目根据工作的重要程度和数量的大小具体量化为大小不等的分数值，确保指标的合理性和可操作性。

第二节　理顺乡村关系，深化村民自治实践

中国正在进行具有现代化意义的社会经济转型，解决转型时期农村发展的问题有赖于乡村治理结构体系在更大范围上的完善。完善乡村治理结构体系的核心在于完善村民自治。在基层自治方面，伴随着农村经济改革而出现的村民自治，被视为农村治理模式的创造性转换，实现了国家集中

统一管理与群众自我管理的结合。●

村民自治的本质，是广大农民通过相对民主的方式去维护和争取自己的合法利益与合法权益，这样使得民主全过程不断被赋予真实有效的内涵。在推进乡村振兴过程中，坚持自治为基点，不断建设农村群众性自治组织，创新在农村党组织领导之下的村民自治。让农民群众真正享有知情权、参与权、管理权、监督权，村务大事村民知情，村务决策村民讨论，村务管理村民参与，村务工作村民监督。

一、民主选举：直接民主，行使基本政治权利

中国农村村民委员会的直接选举始于 1987 年 11 月《中华人民共和国村民委员会组织法（试行）》的颁布。根据这部法律，村委会主任、副主任和委员由村民直接选举产生，每届任期为三年；年满 18 周岁的村民都有选举权和被选举权；乡、镇政府与民主选举产生的村委会是指导关系，此处并非是领导与被领导的关系。它结束了村干部长期以来由上级任命的历史，改变了村干部长期以来包办一切、只对上级负责的状况。依照村委会组织法，具体选举办法由各省、自治区和直辖市人大制定。全国 31 个省、自治区和直辖市已经全部制定了关于村委会选举的地方法规。

按照有关法律和政策的规定，任何组织和个人都不能截留法律和政策赋予广大农民的民主权利，农民拥有充分的选人用人的权力。这从政治上尊重了村民的民主权利，同时也增强了村民的民主意识，自己的村干部自主选择，切实改变了过去"政府定调，群众打勾"的形式民主，上级不能够指定特定候选人，真正实现了村民当家作主。

● 徐勇. 中国农村村民自治［M］. 武汉：华中师范大学出版社，1997：31 - 32.

三十多年的民主选举实践证明，农民群众的选举意识与选举意愿有了明显的转变，由过去"选谁一个样"的被动选举到"选我所爱"的主动选举，充分体现了农民的选举权得以实施和保障，极大地提高了农民的选举积极性。群众关注的是涉及自身的各种具体利益，关注村庄事务是否得到有效管理监督，村干部人选是否德才兼备、一心为民。因此，通过民主选举的实践，能够集中农民的智慧、真正反映农民的意愿与心声，把真正想为村民办事，能为民办实事的人选举出来当村"两委"干部，以维护好、实现好和发展好农民的各方面利益。

二、民主决策：群策群力，集思广益办大事

要将农民组织起来形成集体的力量，就必须要动员群众，就要让群众参与决策的公共空间与公共事务。如果集体有利益，然后由村民集体讨论决策，就可能将集体利益这块好钢用在村庄最需要的刀刃上。村民参与办成一件好事，会激励村民办更多好事。❶ 村级事务决策是关系本村全局成败的大事。民主决策是村民自治的核心环节，在村民自治的"四个民主"中，民主选举是基础，而民主管理、民主监督则是围绕民主决策进行的。

在我国，村民会议和村民代表会议是村民进行民主决策的基本途径和形式。民主决策核心要义就是群策群力，集思广益办大事。在我国农村，民主决策一般是村民代表会议围绕着村集体重大事项，需要经集体讨论、商议后作出重大决议时必须进行的一项程序，以保障村集体行为的合法性和合规性。如农村集体资产清算处置、集体企业改制、集体土地承包租赁

---

❶ 贺雪峰. 如何再造村社集体 [J]. 南京农业大学学报（社会科学版），2019（3）：129 –136.

转让、集体利润分配等与农民切身利益密切相关的事项都需要进行民主决策。同时，民主决策流程必须规范：一方面可以保障民主决策的科学性，另一方面确保村级事务决策有章可循，保证村民的知情权、参与权、决策权得以实施，充分调动群众参与村级事务的积极性。此外，村民会议或村民代表会议依法形成的决议不得随意更改，如确需更改，必须通过村民会议或村民代表会讨论决定，擅自更改决议的，依法追责，予以严惩。

三、民主管理：展现人民主体地位

约翰·罗尔斯在《正义论》中提出"程序正义"和"实体正义"。❶程序正义是西方国家的一种法律传统，被视为"看得见的正义"，即程序正义不仅应得到实现，而且要以人们看得见的方式加以实现。实体正义是指通过刑事诉讼过程实现的结果上的实体公正和结果正义。在约翰·罗尔斯的逻辑中，"程序正义"远比"实体正义"重要。中国的民主管理实质是程序正义和实体正义的有机结合，强调乡村振兴的过程导向和结果导向，且过程远比结果重要，要朝着规范化、程序化、制度化、实体化、公开化、公平化、公正化方向发展。❷

我国的民主管理是村委会发动全体村民按照党和政府有关方针政策、法律法规，结合本村民自治章程、村规民约、村民会议和村民代表会议议事规则、财务管理制度等，实现村民的自我管理的过程。整个过程充分体现了人民群众的主体地位和政治权利。无论是约定成俗的村规民约，还是

---

❶ 约翰·罗尔斯. 正义论 [M]. 何怀宏，何包钢，廖申白，译. 北京：中国社会科学出版社，1988：136.

❷ 吴易雄. 乡村全面振兴何以实现？：基于对"四大法宝"的理论与实践分析 [J/OL]. 当代经济管理，https：//kns. cnki. net/kcms/detail/13. 1356. F. 20211015. 1914. 006. html.

依法制定的村民自治章程、各项民主管理制度的实行，村民的主人翁身份得以充分体现、尊重。

　　管理农村事务必须建立健全民主管理制度，这是做好农村工作的治本之策。在我国农村，建立健全民主管理制度，重点是要建立和健全村民自治章程和村规民约，同时要完善各种管理制度，如村民会议、村民代表会议和党员议事会制度；村民委员会按期换届选举制度；村民委员会年终总结报告制度；民主评议干部制度；民主理财制度；村干部任期、离任审计制度等。这些民主管理制度是村干部和村民共同遵守的行为规范，能确保村务管理有章可循、有规可依。同时，对各项制度的执行情况建立监督评议机制。在农村，各项民主管理制度出台后，各项村务事项都得严格依照相关制度来执行，这是农村制度生命力的重要体现。农村各地可视实际情况，建立民主管理监督评议机制，设立有村民参与的监督评级组织，如村务监督委员会，定期或不定期地对有关村务公开和民主管理的各项制度的执行情况进行调查、评议和反馈，评议结果张榜公布于众，肯定成绩，找出不足，提出改进意见。

四、民主监督：村务公开，强化村级监督

　　实行民主监督是关系村民民主权利的原则问题，任何组织和个人都不可肆意践踏。为了把党在农村的各项政策落到实处，切实解决好"三农"问题，必须进一步健全和完善村务公开，扎实推进村务公开工作。村务公开的基本内容一般包括：村民会议、村民代表会议讨论决定的事项及其实施情况；政府拨付和接受社会捐赠的救灾救助、补贴补助等资金、物资的管理使用情况；涉及村民利益，村民普遍关心的其他事项。当然，村务公开的重点是财务公开。实行村务公开，既要及时又要内容真实。新形势

下，应建立村务监督委员会，加强对村务的决策、制定、实施、公开等各个流程的监督，加强农村基层民主管理，为广大村民管理、处理村庄事务矛盾的合法权益提供有效的保障。

村务监督机构监督的主要职责包括收集与受理村民对村庄事务管理的相关意见建议；监督村民会议、村民代表会议决议的执行状况是否落实到位；对于村委会等村一级组织是否依法依规认真履责进行有效监督等。从当前农村的实际情况看，特别要注意加强村务决策、决策程序、决策过程的全面监督。村务监督机构的运行能更好地激发出农村基层地区所具有的特色活力与动力，打造农民能够安居乐业、农业产业绿色发展、农村社会和谐安定、农村生态循环健康的良好系统。

第三节　创新治理体系，提升治理能力

"村级治理具有培育现代化公民、提供优质公共服务、推进国家政权建设的三级治理目标。"[1] 创新乡村治理模式是破解当前中国乡村治理陷入的"沼泽"，打破阻碍乡村振兴战略实施的困局的途径，实现乡村治理现代化具有显著的时代需求。

一、促进自治法治德治有机结合

在中国传统的乡村治理模式中，尤其注重主导治理者的道德品质特

---

❶ 印子. 村级治理的"寡头定律"及其解释 [J]. 华中农业大学学报（社会科学版），2018（2）：120－126.

质，因为崇高的道德品质是率先垂范的基点，是赢得广大人民信任的榜样示范。新发展阶段，引入法治、德治相结合的乡村治理模式，是解决乡村"治理失灵"，实现乡村善治的治本之策。

1. 建设法治乡村

强化农村基层党组织的政治功能，是在广大农村地区顺利推进法治建设最为关键的正确方法，是破解农村法治建设各种难题的有力武器，是提升广大农村党员干部农民法治认知、法治意识、法治素养、法治水平和法治能力的强大动力。在新形势下，以农村基层党组织建设推进乡村治理的法治化，要正确处理好党的领导与村民自治、政治功能与服务功能、党组织一元领导与多元主体共治等三大关系。

第一，正确处理加强党的领导与坚持村民自治的关系。推进农村治理的法治化进程，首要的原则也是最重要的原则就是党的领导，在党的领导之下再去谈治理，党的领导与村民自治并不冲突，与治理的法治化更不冲突。党的领导是根本方式，村民自治是基本方式，治理的法治化是手段，都是置于党的领导之下的一个有机的循环系统。同时，依法执政与依法自治要同步推进，以法理来保障治理方式变革的有效性。在这一过程中，彰显了"不变"与"变"的辩证逻辑关系的统一。所谓"不变"，是指任凭时代背景、治理格局、治理需求的变化更迭，党的领导的根本原则永远不会改变；所谓"变"，是指随着时代的发展、农村社会生态的转变，农村的治理理念、治理方式、治理工具、治理手段等应该在符合实际的基础上与时俱进。

第二，正确处理政治功能与服务功能的关系。农村基层党组织的政治功能与服务功能在一定程度上具有接续性，二者并不是冲突对立的两元体，而是农村基层党组织坚强战斗堡垒的"一体两翼"，使法治建设更好地服务于农村的改革、农业的发展、农民的生活、党员的发展等。在依法治理中践行基层党组织的服务功能，使原本刚性冷漠的法治和制度建设有了柔性与温度，农民自然而然就会接纳并热烈欢迎。

第三，正确处理强化党组织核心地位与多元主体共治的关系。农村基层党建必须做到"一根红线、贯穿始终"。强化农村党组织在农村社会治理中的领导核心地位和作用，必须坚持"党建统领、活的灵魂，一根红线、贯穿始终"，但同时，农村其他基层组织也是农村治理的重要组成部分。要健全农村党组织领导下的"一核多元、共建共治"社会治理工作机制，充分发挥农民合作社各类村级组织的作用，将群众参与村级社会事务管理的各项权利落到实处。

2. 以法为主，以德为辅

以法治为主要模式，辅助以德治，德法并重的治理模式彰显了中国传统文化刚柔并济的农村治理艺术。法治作为"刚性约束"，为乡村治理提供了保障。针对法律刚性有余、柔性不足的特点，乡村德治无疑是重要补充。

在推进乡村振兴过程中，要重视普法、加强宣传。村级组织要坚持以加强普法工作为契机，积极配合上级司法机构加强法制宣传教育，不断推进"民主法治示范村"建设；利用标语、宣传栏、广播、会议等多种形式进行法制宣传教育，组织村干部、调解信息员学习相关法律法规，通过他们将法律知识传播到群众中去；组织党员、团员、村民代表、妇女干部等骨干进行法律培训；征订法制刊物和购置普法书籍，向村民开放，既丰富了群众的业余生活，又增强了群众法律意识，不断增强广大群众积极配合和遵守村规民约，依法办事的意识，杜绝村民越级上访，争取做到所有纠纷都能在本村得到解决。

在推进乡村振兴过程中，要发挥乡村所特有的熟人社会蕴含的优良习俗、道德规范优势，结合时代需求实际进行不断开拓创新，强化道德教化、感化的意义，引导农民传承忠实守信、向上向善、和睦友爱的良好家风，以优秀家风带动良好乡风。

3. 以自治组织为载体，实现"三治协同"

以自治、法治、德治作为乡村治理的基本方式，发挥"自治为本、法安天下、德润民心"的家的功效，但同时也存在法治过于刚硬，德治过于懦弱，自治过于任性的束缚。❶ "三治结合"的乡村治理模式有利于自治、法治、德治三者之间各尽其长、优势互补的协同效应。

在乡村振兴中，要以自治组织为载体，以法治为保障，以德治为支撑，"三治结合"深刻体现了乡村治理创新实践从"零碎性、技术性走向集成化、成熟化"过程的内生逻辑❷，推动"1 + 1 + 1 > 3"的治理效能最大化。

二、构建矛盾化解机制，建设平安乡村

在推进乡村振兴过程中，要推动各方面利益关系协调有序，有效应对各种矛盾冲突与潜在风险。

必须始终坚持把最广大农民的根本利益、基本需求放在最高的位置，这是农村基层党组织推进农村工作的出发点，也是指导农村基层干部参与乡村振兴的落脚点。因此，必须严格遵循农民利益至上的基本原则，进一步健全农民利益协调保障机制，包括民主诉求表达机制、多元利益协调机

---

❶ 侯宏伟，马培衢. "自治、法治、德治"三治融合体系下治理主体嵌入型共治机制的构建 [J]. 华南师范大学学报：社会科学版，2018（6）：141 - 146.

❷ 何显明. 以自治法治和德治的深度融合推进乡村治理体系创新 [J]. 治理研究，2018（6）：5 - 16.

制、矛盾纠纷调节机制、权益利益保障机制等。

针对社情民意表达反馈的渠道不畅的问题，进行疏通、拓展，决策之前按照相关程序向专家咨询、农民问需，充分考虑专家的意见与农民的诉求与声音，拟定事关农民利益的政策要及时公开，确保政策制定的科学性与民主性，政策执行的公开性、监督的透明性。

建立合力调解处理机制。化解重大矛盾纠纷单靠调解组织和个人力量恐怕还不够，对于群体性事件、集体上访、非正常死亡等案件，建立了村两委集体调解处理重特大纠纷机制，其效果比较明显。

要发挥中国共产党所独具的思想政治工作优势特质。一方面，要高度重视农村的人文和谐，预防农民内部矛盾而引爆的社会性群体事件，一旦涉及农民的利益冲突，要及时积极去解决，而不是相互推诿扯皮。另一方面，要对于广大农民进行公民道德教育，通过宣传栏、线下宣讲、电影放映、学习强国 APP 等各种方式，使得农民真正树立起公共意识与法治精神，以法治思维指引利益需求的表达，以法治的方式解决所面临的各种矛盾。

三、推进乡村智慧治理

智慧治理是指在推进乡村治理的进程之中，运用以信息通信技术为主的现代化高科技，推进乡村社会管理的智能化、多元沟通的充分化、公共决策的开放化、公共服务的便利化、综合调控的精准化，从而既满足乡村社会改革、建设、发展的效率与效益的统一，又兼顾乡村社会运行过程中公平正义的本质需求，以应对当前乡村社会治理中所面临的社会结构复杂化与分散化并存的矛盾挑战，实现乡村社会公共利益最大化，使乡村社会得以稳定运行。❶ 在乡村智慧治理实践中，要以现代信息技术为支撑，以网格化管理为着力点，旨在实现基层服务的精准化与管理的有效化。

一方面，强化乡村网络治理工具应用。擅于利用微信、抖音、微博等互联网软件，为多元化治理主体参与乡村治理搭建便利的平台。随着互联网技术的不断发展与网络的普及入户，大多数的农民都得以进入"线上关系网络"之中，尤其是"微信群"等的兴起，转变了传统意义上农村交往的线下模式，这意味着拓展了农民彼此交往的范式，即农民由传统的私人领域的社交逐步走向公共领域的社交。微信、抖音、腾讯会议等社交软件成为农村开展对话、协商的便捷载体，一定意义上打破了时间的限制与空间的束缚，拓展了乡村多元主体参与治理的渠道和方式。比如过去仅限于线下方式进行治理，这就将在外经商、务工、上学的很多属于本村的村民意愿诉求拦在了村口之外，现在通过线上的方式参与治理，有利于各类主体增强在外人员对于本村村民的身份认同与参与意识，也会进一步增强全体村民的归属感与成就感。

另一方面，创新基层治理与管理体制，优化行政审批程序，提升公共服务的范围与能力，创新综合服务平台的形式，如推进"一站式服务""一门式办理"等，减少繁琐的程序手续，提高行政服务的效能。在农村地区建立网上服务中心，建设农村民生服务大厅、党员服务中心、综合管理中心等，利用互联网、大数据等信息技术手段，搭建起惠民服务平台、民意表达诉求平台、助民增收平台、民生保障平台等，逐步构建起线下线上相结合的一整套为农民服务的平台载体。要将信息技术优势转化为效能优势，打造党建网、远程教育网、手机网等线上服务阵地，提升服务水平与服务功能的多元化。

---

❶ 高其才. 以智慧治理助推乡村"善治"目标实现 [J]. 国家治理，2019（19）：29－33.

第九章　在推进城乡融合中改善农村民生

马克思恩格斯在创建科学社会主义时，目睹了资本主义生产关系条件下社会化生产所带来的诸种矛盾，其中之一就是尖锐的城乡对立。在资本主义生产方式的发展过程中，一方面是城市的兴起集中了资本和人口，另一方面是乡村的破败和人口流失。马克思恩格斯站在历史唯物主义的高度，对生产力和生产关系的辩证关系和矛盾运动作出了深刻分析，指出城乡之间的矛盾关系及其变化，进而得出分工的出现和生产力的发展是造成城乡对立的根本原因，城乡对立是一个不可避免的历史阶段，而资本主义生产方式使城乡对立达到尖锐的顶峰。马克思恩格斯进而预言了随着生产力的进一步发展和社会分工的消失，城乡对立也将趋于消失，城乡融合成为城乡关系发展的最高阶段。●

我国是在落后生产力基础上建设的中国特色的社会主义，城乡关系在生产力发展处于较低水平的时候，城乡矛盾运动中的城乡对立也是必然出现的历史现象。1847 年马克思在《哲学的贫困》中指出："城乡关系一改变，整个社会也跟着改变。"● 中国特色社会主义的本质是解放生产力和发

● 王立胜，陈健，张彩云. 深刻把握乡村振兴战略：政治经济学视角的解读 [J]. 经济与管理评论，2018，34（4）：40－56.

● 马克思恩格斯文集：第 1 卷 [M]. 北京：人民出版社，2009：618.

展生产力。在中国共产党的领导下，我国生产力取得巨大发展，城乡对立得以缓解，城乡关系也必然会走向城乡一体化和城乡融合，最终消灭城乡差别的新阶段。

实施乡村振兴战略，是基于我国未来经济发展转型和经济结构优化的宏观战略，实施乡村振兴要建立健全城乡融合发展体制机制和政策体系。在逻辑上，城市和乡村是相对应的概念，它们是有着不同质的规定性的有机体……城市和乡村作为人类的生存空间，各有其特定的生存条件和表现形式，它们是互相对应且相对独立的社会有机体。[1] 党的十八大以来，从"新农村建设"到"乡村振兴"、从"城乡统筹"到"城乡融合"，"乡村"政策话语的再现超越了"农村"政策话语的认识边界，形成了城市与乡村价值等值和功能互补的全新关系定位。

第一节　加强农村公共基础设施建设

农村基础设施是农村经济社会发展和农民生产生活改善的重要物质基础，在乡村振兴中，要推动农村基础设施提档升级。

一、统筹城乡规划，促进城乡融合

从马克思主义的视角来看分析农村问题时，从来都不是单纯地就农村问题谈农村问题，而是把农村问题放在城乡关系、工农关系的整体框架之

---

[1]　徐勇. 非均衡的中国政治：城市与乡村的比较 [M]. 北京：中国广播电视出版社，1992：16.

中加以释析。马克思、恩格斯指出：城乡融合的经济基础就是将工业生产和农业生产有机联系起来，"大工业在全国的尽可能平衡的分布，是消灭城市和乡村的分离的条件""只有通过城市和乡村的融合，现在的空气、水和土地的污毒才能排除。"❶ 列宁指出，"只有农业人口和非农业人口混合和融合起来，才能提高乡村居民，使其摆脱孤立无援的地位。"❷

在基础设施方面，城乡之间存在的差距还比较大。构建城乡发展一体化的新格局，首要的物质前提就是统筹部署城乡基础设施的建设。乡村振兴中的"短板"之一就在于城市与农村发展之间的不平衡问题。新发展阶段，要重塑城乡空间治理与发展格局，加快建设农村技术设施的步伐，构建城乡发展一体化的公共交通网络、卫生医疗体系、就业创业体系、教育文化体系等，打破城乡之间的差距壁垒，在优化乡村村民生活、完善公共服务、构建基础设施等的顶层设计中推进城乡融合发展。

第一，从整体上统筹建设与完善城乡之间的基础设施。要从战略全局、城乡兼顾的视角出发促进城乡基础设施的相互衔接，使得功能布局能够相互补充。前些年，许多地区在发展过程中出现"天平倾斜"的现象，城市和农村的发展区别对待，甚至牺牲农村的发展机会而投入城市建设。这种做法的短期效果可能形成城市短期发展，当地领导的政绩比较好看的局面，但对同期的农村发展来说却是阻滞前进步伐的"绊脚石"，导致的直接后果就是进一步拉大了城乡之间的发展差距，从长远来看，更为严重的后果是城市发展后劲不足，后续发展缺乏动力，滞后发展到一定程度，终将影响制约的是整个国民经济增长的步伐。要推进城乡统一协调发展，一方面，必须坚持可持续发展的理念来统筹战略规划，将城乡整体规划系统规划，明确区分城乡的功能定位，明晰城乡按照优势特质来发展产业重

❶ 马克思恩格斯全集：第 20 卷 [M]. 北京：人民出版社，1971：321.
❷ 列宁全集：第 2 卷 [M]. 北京：人民出版社，1959：192.

点，在具体规划上，根据各地实际统一规划商贸区、居民生活区、基本农田保护区、工业园区等区域分类。另一方面，要推进城乡的资源融合与资源共享。整合城乡之间的资金、劳动力、土地、技术等多元要素的流动使用，就近城乡域内促进能源、教育、医疗、水利、交通、环保等各种资源的共建共享，有利于推进城乡物质层面的相互融合。

第二，统筹城乡生产力布局、产业结构和居民就业。一方面，在研究和配置城乡生产力时，要明确城市和农村都在国民经济发展的"大系统"中，因此要将城乡生产统筹考量，畅通能够促使城乡生产多元要素自由流动的市场渠道，促进农村的丰厚资源、优渥土地、充足劳动力等生产要素能够和城市中的资本、技术、人才、交通网等生产要素之间的双向流动。另一方面，要使城市的产业格局与农村的工业、服务业产业发展的合理分工，构建城乡产业互动的完整链条，由城市二、三产业带动农村二、三产业，由农村二、三产业的发展，推动城市产业层次的提升。

第三，科学规划村庄布局。对于广大村庄、集镇的规划建设与管理，首先，应该坚持科学合理、节约用地的基本原则，既要着眼全局，对于农村地区的规划建设在党和国家政策的指引下全面规划，又要立足实际，根据本村庄的具体发展现状、经济状况、人文状态、生态环境等各要素综合部署，因地制宜，在规划统筹中实现村庄的稳步发展。其次，政府要切实加强对于村庄规划工作的指导安排，提供资金支持农村治理的指导性意见与合理科学规划村庄的部署，将着力点放在解决广大农村地区农民最基本的饮水、用电、交通、燃料、取暖等方面的问题，解决农民生存下去、提高生活质量最为基础的物质保障。最后，科学规划管理农村地区的宅基地，有些农村地区由于违建、违盖等各种原因，使得当地土地资源相对紧缺，要进一步节约村庄建设的用地，如可以向农民免费提供既经济安全，又节地节材的住宅设计图样，从建房的起始阶段将浪费土地资源扼杀在"摇篮"里。

二、推进农村基础设施 "再升级"

农村实现现代化，基础设施建设是关键。"十三五"期间，为了加快补齐农业农村短板，国家财政支持的基础设施建设重点放在农村，推动农村基础设施建设提档升级。一是"四好农村路"深入推进。2019 年年底，具备条件的乡镇和建制村实现通硬化路，村村实现通邮。97% 的乡镇有了快递网点。二是农村电网改造升级。2019 年年底，农村基本实现稳定可靠的供电服务全覆盖。三是宽带网络加快覆盖。到 2020 年 9 月，农村通光纤和 4G 已达到 98% 以上。我国农村基础设施建设虽取得了明显的成绩，但与城市相比，整体建设质量是相对薄弱的，有的地区甚至还很落后。城乡的差距、农村各地之间的差距等一系列落差影响着农民群众的生产水平与生活质量，阻碍了农村经济社会全面发展。

确保农村饮水安全与新能源建设。首先，解决饮用水短缺、卫生问题，着力解决高砷、苦咸、高氟、血吸虫病区、污染水的饮水安全问题。其次，走新型能源建设的道路，规划开发管理小水电，以小水电来替代燃料使用，并由试点逐步扩大推广，改造农村电网续建配套。再次，利用农村农作物、自然资源等天然优势，积极推广清洁型可再生能源技术，包括太阳能、沼气、风力发电、秸秆气化、小水电等。

加强农田水利建设。在农田设施建设方面，我国也会实施供水保障建设工程，根据不同地区的位置和情况修建沟渠和灌溉设施，方便村民生产。

加快农村资源路、产业路、旅游路和村内主干道建设行动。农村农业要发展，产业要实现振兴，道路是命脉，没有互通互联的交通网和物流体系很难让农村的各类产品走出去，城里的资源也无法流入农村。所以，在推动乡村产业全面振兴的同时，我国也会深入农村开展新一轮的道路建设行动，主要是加快四类道路的建设，其中包括资源路、旅游路、产业路以及各个村庄的主干道。

建设农业信息化与教育文化设施化。建立农业知识技术传播培训平台，促进农业信息化便利农民随时随地学习。针对农村中小学的危房、破旧宿舍等问题，必须着力重点改造危房、增建学校宿舍，为农村学生提供基本的宿舍居住、教室学习环境，利用现代远程教育等，帮助农村学生拓展学习认知的途径。

三、建立农村基础设施建设多元投入机制

当前农村基础设施建设投资需求与资金供给的矛盾比较突出。进入新发展阶段，要制订优惠政策，鼓励社会各界共同参与乡村振兴，建立多元化的投入机制。第一，各级政府特别是财政部门应继续加大对农村地区基础设施建设的投入支持力度。第二，发挥农村集体经济的效益优势，坚持"多予少取"的基本原则，减轻农民经济负担、劳作负担的同时，增加农民的经济收入与幸福指数。在保障农民基本生活的基础之上，才能激发广大农民参与农村基础设施的建设进程的积极性，形成"有钱出钱，有力出力，没钱出力，出钱又出力"等局面。第三，发挥市场在资源配置中的决定作用，建立健全融资投入机制的规范化与多渠道。将民间投资的准入领域适当放宽，改革投资融资机制，通过制订相关优惠政策、调整税收、收费、授予荣誉称号等方式鼓励引导社会、国内外资本、社会捐助、城市的第二和第三产业等各方资本投资农村基础设施建设，扩大资本投资的涉及领域。第四，加大力度支持商业银行对民间投资的信贷，同时建立专门服务于民间投资的民营银行。在政府的指导下成立中小民营银行专门为个体

私营经济、小微企业、城市第二、三产业等提供投融资服务，使这类经济体有信心、有"后劲"地将资金放心投入农村基础设施建设当中去。第五，管理好和监督好投入资金运营。一方面，要完善资金运营管理的相关机制，政府对财政资金总的分配、管理能够起到有效的保障作用，同时整合统筹各项支农资金，防止"政出多门"的散乱现象。另一方面，要减少资金的流通环节，节约运行成本。

四、建立完善农村基础设施建设管理机制

农村基础设施建设是一项复杂的系统工程，必须有一个完善的管理机制。要有各级领导的高度重视。主要领导要亲自抓，分管领导重点抓，并实行农村基础设施建设领导责任制，完善组织领导机制。要加强部门间、上下级间的协作与配合。要强化农村基础设施，尤其是农田水利设施的管理措施。要明确管理责任单位，落实管理责任人。要充分调动广大农民群众的积极性。

第二节 以均等化为牵引加强农村公共服务供给

根据推拉理论，我国当前巨大的城乡差异形成了"推力"和"拉力"，使得农村劳动力向城市大量转移。与此同时，长期的城乡二元化结构还使得土地、资本、技术等要素在城乡之间配置严重不均衡。❶ 为了实现城乡

---

❶ 刘润秋，黄志兵. 实施乡村振兴战略的现实困境、政策误区及改革路径 [J]. 农村经济，2018（6）：6－10.

公共服务一体化，必须加强农村公共服务供给，建立城乡融合机制，实现城乡公共服务一体化运作。

一、优先发展农村教育事业

教育是一个国家持续发展的关键。我国是农业大国，农村义务教育在整个国民教育体系中占有举足轻重的地位。农村义务教育质量的高低，直接关系到各级各类人才的培养和整个教育事业的发展。在乡村振兴中，要高度重视发展农村义务教育，推动建立以城带乡、整体推进、城乡一体、均衡发展的义务教育发展机制。

改善农村学校的办学条件。为保障校舍的绝对安全，应该严格落实农村中小学校舍维修改造长效机制。不断提高基本办学条件，使所有农村中小学具备基本的校园、图书、体育活动、校舍、教学设备等设施。改善农村学校的卫生安全，不断改善食堂的饭菜质量口味、饮水设施，不断推进卫生厕所革命。在农村中小学普及推广现代远程教育，将计算机教室覆盖于所有农村初中，卫星教学接收和播放系统覆盖所有农村小学等。

提高农村义务教育师资水平。充分发挥现代远程教育的作用，提高教师教学手段的技术化与教学内容的生动性。在民族地区，要注重培养骨干教师与"双语"教师的教育。实施大学生支援服务西部计划、农村学校教师特设岗位计划、农村学校教育硕士师资培养计划等，鼓励引导优秀大学毕业生投身农村基层学校。鼓励城镇教师帮扶农村教育工作，推进师范生到农村学校顶岗实习支教。完善农村地区中小学教师工资经费保障机制，按时足额发放农村中小学教师工资。对于贫困边远地区，要进一步改善当地农村教师的生活条件与生活质量，通过提高工资、保障基本生活、增加荣誉、思想政治教育等各种途径化解贫困地区专业教师流失的问题。

依法落实义务教育阶段资助政策。要全面落实对农村家庭经济困难学生上学生活补助费用，确保每一位学生都能有学上，都能上得起学。

二、推进健康乡村建设

在推进乡村振兴过程中，推进健康乡村建设，要切实加强领导。要突出重点，加大对农村医疗卫生事业的投入。各级人民政府逐年增加卫生投入，增长幅度不低于同期财政经常性支出的增长幅度，投资的重点向中心卫生院和西部边远乡村倾斜。解决乡镇卫生医疗机构包袱过重问题，把握好国家政策，增加一部分在岗职工的工资，研究解决医疗机构职工新型合作医疗，为他们解除后顾之忧，使他们安心在基层工作。探索多元化投入的路子，动员、鼓励、支持各类社会资本和投资主体参与农村医疗卫生服务体系建设。多措并举，提高农村医疗队伍整体素质。深化医药卫生体制改革，建立科学合理的医药价格形成机制。建立健全医药卫生法律制度，切实提高各级政府运用法律手段发展和管理医药卫生事业的能力。

三、完善新型农村社会养老保险制度

目前，我国农村初步形成了农村社会保障的网络体系，主要体现在以下四个方面。一是已着手在农村建立了最低生活保障制度，我国农村居民最低生活保障覆盖面正在逐步扩大。二是实行了农村养老保险制度。三是进行了农村合作医疗制度改革。四是实行了农村社会救助制度。但仍有部分贫困人口尚未解决温饱问题，需要政府给予必要的救助，我国农村社会保障制度还有不少问题需要完善。如农村社会保障资金来源狭窄，农村社会保障覆盖面窄，农村土地、家庭保障功能的弱化等。

养儿防老是我国农村的传统养老方式，然而传统的家庭养老开始面临诸多挑战，农村青壮年为了生计，常年外出务工，无暇顾及家里老人，靠代际养老已经难以解决农村养老问题。农村老人也需要转变观念，逐渐接受家庭养老转向社会养老。同时，随着我国人口老龄化地加剧，仍需建立新型农村社会养老保险制度。

政府须建立适应农村特点的专属养老保险制度，坚持城乡统筹考虑，和其他保障制度结合起来。各地将根据当地实际制定具体办法。新型农村养老保险资金主要由个人缴费和政府适当补贴组成，鼓励有条件的村集体等各类经济组织为农民参保提供适当补助。参加新型农村养老保险的人员今后如果参加其他养老保险（障）并符合享受条件的，可退出新型农村养老保险。同时，各地要按照"自愿选择，只靠一头"的原则处理新型农村养老保险与其他养老保险（障）待遇的关系。

四、推进城乡文化一体化建设

进入新发展阶段，只有推进城乡文化一体化发展，才能使文化事业更好地满足广大农民的精神生活需要，使乡村振兴由物质层面向精神层面深化。

理顺农村文化服务管理机制。各级政府应十分重视农村文化公共服务体系建设，将其纳入当地城乡一体化总体发展规划，自上至下理顺管理机制。不断完善城乡文化帮扶机制。积极引导社会力量对于农村文化事业进行资助支持，完善农村文化室、文化站基础设施，赞助农村重大公共文化、传统文化等相关活动。

创新农村公共文化的服务方式。根据农村各地区的地域特点、农民需要而探索适合于农民诉求的文化服务，不断在实践中改进、提高农村公共文化的服务质量与效能。鼓励县市级博物馆、文化馆、游泳馆、体育馆、科技馆、公共图书馆等几类公益性文化单位面向农村，开展结对帮扶、定点服务等。扶持文化企业以连锁方式推进建设农村文化网点，打造贯通城乡的文化产品流通网络。将信息技术、网络技术、现代数字技术应用于农村基层公共文化服务空间建设之中，支持演艺团体来农村演出，丰富农民的娱乐方式。

总之，在推进城乡文化一体化发展过程中，各级党委、政府应明确思路，设定目标，科学布局，促使不同部门的文化资源相互共享补充互促的作用，建立责任明晰、服务精准、行为规范的运行机制，形成各级党委、政府及其所属各个相关部门齐抓共管的良好局面，促进城乡文化一体化发展。

五、构建城乡基本公共服务均等化的体制机制

长期以来，在农村地区形成的是"自上而下"的供给式基本公共服务的模式，这样的弊端在于没有高度重视广大农民的意愿诉求与选择，农民处于被动接受的尴尬位置，一定程度上带来了农村公共服务供给利用率的浪费与损失。因此，应充分尊重广大农民作为基本公共服务的主体地位，充分倾听广大农民的意愿、呼声、诉求、抉择，构建"自上而下"与"自下而上"双层并轨的农村基本公共服务表达决策机制。广大农民自觉主动积极地将真实偏好、需求反映给政府，形成政府与农民之间的"双向奔赴"的模式，保证农村基本公共服务的供给理性化与高效化。

统筹城乡体制，促进城乡体制一体化。我国在长期实践中形成了城乡二元社会结构，其中城乡体制之间的差异性是造成差距过大的重要因素。

因此要实现城乡经济社会发展的一体化，必须缩小并消解城乡体制之间的差异性。一要在户籍制度方面实现城乡平等。打破城乡分离的户籍制度，推进现行户籍制度的改革，建立一元户籍制度，取消城镇户口所带来的隐形福利。二要在社会保障方面实现城乡平等。推进农村地区社会保障制度的改革，创新农村社会保障的方式方法，旨在推动城乡在医疗、养老、最低生活保障、住房等方面保障一体化。三要在就业方面实现城乡平等。构建统一的开放、竞争的城乡劳动力就业市场，保证城乡劳动力的同工同酬与基本保险保障。

为提高农村基本公共服务水平，既要建立科学的支出分配体系、支出执行体系、监督管理体系，又要构建有效的政府绩效评估体系。政府绩效评估体系的关键特点在于以结果为导向，旨在促进城乡基本公共服务均等化。以结果为导向的基本公共服务绩效评估体系主要包含以下三个方面的基本步骤。首先，从评估主体来看，构建政府、研究部门、媒体和群众在内的三元评价机制；其次，从反馈效果来看，要设立评价公共服务的模型，合理设计评价的指标、量化与权重，注重评价系统的可行性，建立起高效的沟通反馈机制；最后，从法律的层面，应从法律的高度对于公共服务评价地位给予认可，使得政府公共管理中的基本环节涵括公共服务评价。从法律的高度有利于树立公共服务评价的权威性，这样能够确保公共服务评价机构在进行公共服务评价时保持相对的理性与中立而不受任何人为因素的干扰。

加强农村社会保障制度的立法工作。社会保障的性质在于其非营利性与政府强制性等属性，体现着社会成员通过政府的保障享受的平等权利。新发展阶段要继续推进农村社会保障制度立法。一是在立法中要坚持"低水平、广覆盖、多层次、共负担"的基本方针；二是立法本身具有中立性与科学性；三是立法保护要做到实体与程序并重，保证在农村推进实际中具有可行性；四是构建完善农民社会保障权的立法保护体系的系统性与科学性。

第三节　提高农村防灾减灾能力

开拓经济社会正确的发展道路，必须尊重和适应自然规律，保护和改善自然环境，并利用不断进步的现代科学知识和技术力量及日益完善的社会制度，提高抗御自然灾害风险的能力。在乡村振兴中，解决农业与农村防御和减轻自然灾害影响的努力也应当是多方面的。

一、把防御自然灾害作为农村公共事业建设的重要内容

进入新发展阶段，各级党委和政府要从城乡统筹发展、促进农村长期繁荣和稳定的高度将防御自然灾害作为重点问题加以应对。坚持统一领导、分级管理、以城带乡、以村为基本单位的基本理念，建立县—乡—村三级突发自然灾害应急组织体系，重点提升村级组织防灾减灾的能力，确保每个村在自然灾害警报的监测、接收、传递等全过程至少配备一名技术专员。针对自然灾害频发、影响较为严重的泛滥地区，要推动重大灾害应急演练常态化。各县级政府要做好自然灾害监测预警、自然灾害防御、抗灾抢险等任务的准备，发挥在重大自然灾害面前人民的坚实保障作用，将天灾的损失降到最低限度。

二、加强农村防灾减灾宣传和科学知识普及

防御和减轻自然灾害的基本前提是规划建设乡村时符合自然规律、符

合实际境况。坚持人与自然和谐共生是最根本也是最安全的原则指向，合理部署农村的规划前景与建设格局，开展自然环境论证与评估潜在灾害风险概率，尽量避免因村庄建设给自然生态带来的人为破坏。当前，在农村很多地区，农民整体防灾减灾的意识不够、具体防灾减灾的措施不到位、应用科学技术防灾减灾的能力不足等。应该大力宣传、普及、教育各类自然灾害的症状、危害、防御、避险等措施，农民不仅要掌握预报预警的信息，还要学会紧急避险的科学防护措施。这样即使突发性自然灾害真正来临，农民也有应对自然灾害的意识，及时掌握预报预警相关信息，保持镇定有序的心理状态，正确运用防灾减灾措施，能够最大限度地保护生命安全、心理健康与财产安全。要加强减灾实战演练，提高综合减灾能力。每年制定防灾减灾演练活动计划，与消防、安监、交警、公安、卫监、医院等部门联合一起，开展减灾主题演练活动，使广大农民能熟悉灾害自救互救技能，并在演练活动中不断总结，不断改进方法。

三、加强自然灾害研究和防灾技术应用

在推进乡村振兴过程中，要对灾害形成、态势和发展的时空分布规律，灾害—环境—人类相互作用，灾害—经济—社会综合减灾防灾框架，着力实现监测预测灾害等方面的难关，将高新技术、大数据、应用科学、人工智能等应用于防灾减灾过程之中，包括全球定位系统、地理信息系统、卫星遥感等，实现减灾信息的处理速率与共享共建，预测评估灾害相关工作。

在推进乡村振兴过程中，要扩大各类自然灾害监测预报的覆盖面，提高农村预报预警服务的精细化水平。对于自然灾害高发危险地带，国家已经逐步建立防御和减轻灾害等基础设施。由于我国农村地区的幅员辽阔、

气候、地势复杂等，有的地方监测站点比较稀缺，因此要推进智能化自动化监测系统的投入与使用。要加强对于极端天气的预警预报，减少龙卷风、地震、滑坡、山洪、泥石流、雷电等带来的严重危害，实现农村地区预报预警地域的精准化。

四、建设环保防灾型农村社区

防灾减灾关乎每一个人。农村防灾减灾工作是一个需要重视的可持续发展问题。随着我国人口的增加和农村发展，农村环境的负荷将进一步增加，这给生态环境保护带来了更多的问题。为此，要在农村工作中切实贯彻新发展理念，不能为短期发展而牺牲长远利益，要给子孙后代留下可以生存的环境。加快推进乡村振兴一定要从开始就重视科学技术和科学观念的应用。科学技术在农村自然灾害防御中的普及和推广，一方面要依赖于政府的防灾减灾政策，另一方面也应当将防灾减灾与农业生产、农村规划和社区建设结合起来，使防灾减灾工作成为农村工作一个重要部分。

从以往城市为中心转型升级为城市—乡村的协调发展与融合发展，意味着农村不能习惯于依附周边城市的发展带动，而要有自己的独立性与自主性。❶ 乡村振兴战略正是着眼于农村的可持续性发展，形成乡村自主发展的新格局，推进城乡融合发展，逐步缩小城乡发展差距。

---

❶ 王立胜，陈健，张彩云. 深刻把握乡村振兴战略：政治经济学视角的解读 [J]. 理论经济研究，2018（4）：40 – 56.

参考文献

[1] 中共中央党史和文献研究院．习近平扶贫论述摘编［M］．北京：中央文献出版社，2018．

[2] 列宁全集：第2卷［M］．北京：人民出版社，1959．

[3] 列宁全集：第29卷［M］．北京：人民出版社，1956．

[4] 列宁专题文集·论社会主义［M］．北京：人民出版社，2009．

[5] 列宁全集：第7卷［M］．北京：人民出版社，1986．

[6] 毛泽东年谱（一九四九——一九七六）：第二卷［M］．北京：中央文献出版社，2013．

[7] 三中全会以来重要文献选编：上［M］．北京：人民出版社，1982．

[8] 改革开放三十年重要文献选编：上［M］．北京：中央文献出版社，2008．

[9] 十八大以来重要文献选编：上［M］．北京：中央文献出版社，2014．

[10] 中共中央文件选集（一九四九年十月——一九六六年五月）：第43册［M］．北京：人民出版社，2013．

[11] 梁漱溟．乡村建设理论［M］．北京：商务印书馆，2016．

[12] 费孝通．全球化与文化自觉：费孝通晚年文选［M］．北京：外语教学与研究出版社，2013．

[13] 张晓山，等．农村集体产权制度改革论纲［M］．北京：中国社会科学出版社，2019．

[14] 温铁军.三农问题与制度变迁 [M].北京：中国经济出版社，2009.

[15] 石智雷.城市化改造传统农民 [M].北京：中国人民大学出版社，2015.

[16] 刘奇.大国三农 [M].北京：中国发展出版社，2016.

[17] 马晓河.结构转换与农业发展：一般理论和中国的实践 [M].北京：商务印书馆，2004.

[18] 安东尼·吉登斯.社会的构成：结构化理论大纲 [M].李康、李猛译，北京：生活·读书·新知三联书店，1998.

[19] 祖田修.农学原论 [M].张玉林等译，北京：中国人民大学出版社，2003.

[20] 吴敬琏.中国经济改革进程 [M].北京：中国大百科全书出版社，2018.

[21] 约翰逊.经济发展中的农业、农村、农民问题 [M].林毅夫，等编译.商务印书馆，2004.

[22] 皮凯蒂.巴曙松，等译.21世纪资本论 [M].北京：中信出版社，2014.

[23] 胡彬彬，李向军，王晓波.中国传统村落保护调查报告 [M].北京：社会科学文献出版社，2017.

[24] 温铁军.三农问题与世纪反思 [M].北京：生活·读书·新知三联书店，2005.

[25] 张厚安，徐勇.中国农村政治稳定与发展 [M].武汉：武汉出版社，1995.

[26] 徐勇.非均衡的中国政治：城市与乡村比较 [M].北京：中国广播电视出版社，1992.

[27] 黄宗智.华北小农经济与社会变迁 [M].北京：中华书局，1986.

[28] 金耀基.中国社会与文化 [M].北京：牛津大学出版社，1992.

[29] 黄群慧，刘学良.新发展阶段中国经济发展关键节点的判断和认识 [J].经济学动态，2021 (2)：3 – 15.

[30] 郑有贵.由脱贫向振兴转变的实现路径及制度选择 [J].宁夏社会科学，2018 (1)：87 – 91.

[31] 周露平.《资本论》的反贫困哲学及其新时代价值 [J].马克思主义研究，2019 (12)：83 – 91.

[32] 顾益康.探索新时代农村集体经济发展新路子 [J].红旗文稿，2020 (2)：25 – 27.

[33] 赵旭东，孙笑非.中国乡村文化的再生产：基于一种文化转型观念的再思考

[J]. 南京农业大学学报（社会科学版），2017（1）：119 – 127.

[34] 张继梅. 文化自觉与文化传承 [J]. 齐鲁学刊，2013（4）：63 – 66.

[35] 孙庆忠. 乡土社会转型与农业文化遗产保护 [J]. 中州学刊，2009（6）：109 – 113.

[36] 周志山. 从分离与对立到统筹与融合：马克思的城乡观及其现实意义 [J]. 哲学研究，2007（10）：9 – 15.

[37] 蒋永穆，周宇晗. 改革开放40年城乡一体化发展：历史变迁与逻辑主线 [J]. 贵州财经大学学报，2018（5）：5 – 10.

[38] 姜正君. 脱贫攻坚与乡村振兴的衔接贯通：逻辑、难题与路径 [J]. 西南民族大学学报（人文社会科学版），2020（12）：107 – 113.

[39] 汪三贵，冯紫曦. 脱贫攻坚与乡村振兴有机衔接：逻辑关系、内涵与重点内容 [J]. 南京农业大学学报（社会科学版），2019（5）：8 – 14.

[40] 冯丹萌. 国际视角下脱贫攻坚与乡村振兴相融合的探索 [J]. 当代经济管理，2019，41（9）：43 – 48.

[41] 叶兴庆. 新时代中国乡村振兴战略论纲 [J]. 改革，2018（1）：65 – 73.

[42] 黄季焜. 乡村振兴：农村转型、结构转型和政府职能 [J]. 经济研究参考，2020（10）：117 – 125.

[43] 刘彦随. 中国新时代城乡融合与乡村振兴 [J]. 地理学报，2018（4）：637 – 650.

[44] 张红宇. 中国特色农业现代化：目标定位与改革创新 [J]. 理论参考，2015（6）：21 – 24.

[45] 朱满德，程国强. 中国农业政策：支持水平、补贴效应与结构特征 [J]. 管理世界，2011（7）：52 – 60.

[46] 沈扬扬，李实. 如何确定相对贫困标准？：兼论"城乡统筹"相对贫困的可行方案 [J]. 华南师范大学学报（社会科学版），2020（2）：91 – 101.

[47] 岳希明，种聪. 我国社会保障支出的收入分配和减贫效应研究：基于全面建成小康社会的视角 [J]. 中国经济学人：英文版，2020（4）：100 – 131.

[48] 张琦，孔梅. "十四五"时期我国的减贫目标及战略重点 [J]. 改革，2019（11）：117 – 125.

[49] 刘守英. 中国城乡二元土地制度的特征、问题与改革 [J]. 国际经济评论，2014

（3）：9 - 25.

[50] 马晓河，刘振中．农村基础设施和公共服务需要明确攻坚方向 [J]．中国党政干部论坛，2020（1）：68 - 70.

[51] 项继权，周长友．"新三农"问题的演变与政策选择 [J]．中国农村经济，2017（10）：13 - 25.

[52] 陈文胜．怎样理解"乡村振兴战略" [J]．农村工作通讯，2017（21）：16 - 17.

[53] 刘合光．乡村振兴的战略关键点及其路径 [J]．中国国情国力，2017（12）：35 - 37.

[54] 廖彩荣，陈美球．乡村振兴战略的理论逻辑、科学内涵与实现路径 [J]．农林经济管理学报，2017（6）：795 - 802.

[55] 王丹玉，王山，潘桂媚，等．农村产业融合视域下美丽乡村建设困境分析 [J]．西北农林科技大学学报（社会科学版），2017（2）：152 - 160.

[56] 郭晓鸣．乡村振兴战略的若干维度观察 [J]．改革，2018（3）：54 - 61.

[57] 王景新，支晓娟．中国乡村振兴及其地域空间重构：特色小镇与美丽乡村同建振兴乡村的案例、经验及未来 [J]．南京农业大学学报（社会科学版），2018（2）：17 - 26，157 - 158.

[58] 董丽娇，杨永志．系统论视角下中国特色社会主义价值观体系探析 [J]．广西社会科学，2017（6）：1 - 5.

[59] 贺雪峰．关于实施乡村振兴战略的几个问题 [J]．南京农业大学学报，2018（3）：19 - 26.

[60] 孔繁金．乡村振兴战略与中央一号文件关系研究 [J]．农村经济，2018（4）：7 - 14.

[61] 周立．乡村振兴战略与中国的百年乡村振兴实践 [J]．人民论坛·学术前沿，2018（3）：6 - 13.

[62] 张军．乡村价值定位与乡村振兴 [J]．社会科学文摘，2018（7）：9 - 12.

[63] 涂丽，乐章．城镇化与中国乡村振兴：基于乡村建设理论视角的实证分析 [J]．农业经济问题，2018（11）：78 - 90.

[64] 李新平．乡村振兴和精准扶贫的关系研究 [J]．劳动保障世界，2018（117）：23.

[65] 田菊会、乔亚杰、孟祥屾．精准扶贫背景下的乡村振兴战略研究 [J]．经济研究

参考，2018（10）：65-69.

[66] 生春鸿．关于乡村振兴战略的几点思考［J］．农家参谋，2018（23）：45，138.

[67] 胡永万．为推进乡村振兴提供有力的人才支撑［J］．农村工作通讯，2017（24）：27-30.

[68] 尹洁，余欢欢．试析乡村振兴战略中的队伍建设问题［J］．唐都学刊，2018（3）：107-113.

[69] 马蓓．乡村振兴，基层干部是关键［J］．人民论坛，2018（28）：52-53.

[70] 孟青．乡村振兴关键要培养好"领头雁"［J］．中国党政干部论坛，2018（8）：75-77.

[71] 如水．乡村振兴关键在"农民"［J］．农业知识，2018（1）：14.

[72] 韩俊．关于实施乡村振兴战略的八个关键性问题［J］．中国农业文摘：农业工程，2019（3）：3-8.

[73] 宫口侗廸．新地域を活かす［M］．原书房，2009.

[74] 邢成举．乡村社会的螺旋线：新世纪以来的中国乡村［J］．武汉大学学报（人文科学版），2017（1）：14-16.

[75] 郑文燮．韩国新村运动的成果与教训［J］．农业经济问题，2006（10）：74-78.

[76] 陈宗胜、沈扬扬、周云波．中国农村贫困状况的绝对与相对变动：兼论相对贫困线的设定［J］．管理世界，2013（1）：67-96.

[77] 陈锡文．乡村振兴是关系中国全面发展，并最终建成现代化强国的大事［J］．中国农业文摘：农业工程，2018（1）：5-7.

[78] 丁紫耀．后生产主义乡村的发展研究［M］．杭州：浙江师范大学硕士论文，2015.

[79] 刘长林．宇宙基因·社会基因·文化基因［J］．哲学动态，1988（11）：29-32.

[80] 韩俊．乡村振兴开创新时代［J］．中国农村科技，2017（11）：12.

[81] 朱启臻．乡村振兴中的生态文明智慧［N］．光明日报，2018-02-24.

[82] 辛岭．中国农业现代化发展水平研究［M］．北京：中国农业科学技术出版社，2014.

[83] 于建嵘．乡村产业振兴要因地制宜［J］．人民论坛，2018（17）：64-65.

[84] 张丙宣，华逸婕. 激励结构、内生能力与乡村振兴 [J]. 浙江社会科学，2018 (5)：56 – 63.

[85] 王晓毅. 完善乡村治理结构，实现乡村振兴战略 [J]. 中国农业大学学报，2018 (3)：82 – 88.

[86] 张娟娟，丁亮. 乡村振兴：治理逻辑、主体与关键领域：第三届县域治理高层论坛会议综述 [J]. 社会主义研究，2019 (1)：167 – 172.

[87] 厉以宁. 论城乡二元体制改革 [J]. 北京大学学报，2008 (2)：5 – 11.

[88] 叶兴庆. 新时代中国乡村振兴战略论纲 [J]. 改革，2018 (1)：65 – 73.

[89] 陈秋红. 乡村振兴背景下农村基本公共服务的改善：基于农民需求的视角 [J]. 改革，2019 (6)：92 – 101.

[90] 蒋和平，王克军，杨东群. 我国乡村振兴面临的农村劳动力断代危机与解决的出路 [J]. 江苏大学学报（社会科学版），2019 (1)：28 – 34.

[91] 章文光. 精准扶贫与乡村振兴战略如何有效衔接 [J]. 人民论坛，2019 (4)：106 – 107.

[92] 俞海萍. 乡村振兴，文化力量不可缺位 [N]. 光明日报，2018 – 04 – 14.